westermann

Sprache untersuchen

Erarbeitet von

Heike Baligand

Angelika Föhl

Nadine Pistor

Elke Schnepf-Rimsa

in Zusammenarbeit mit der
Westermann-Grundschulredaktion

Für die Ausleihe bearbeitet von

Heike Baligand

Christina von Weyhe

Unter Beratung von

Nadin Haida-Herklotz

Miriam Jacobs

Katharina Jorga

Insa Scheller

Christina von Weyhe

Prof. Dr. Anja Wildemann

Illustriert von

Angela Fischer-Bick und Karoline Kehr

Flex und Flora

Deutsch

Inhaltsverzeichnis

Wörter zu Themen sammeln und ordnen

1 Sprich mit einem Partnerkind.
Was könnte Flora noch sagen?

2 Welche Verben haben eine ähnliche Bedeutung
wie **rennen**? Schreibe ins Heft.

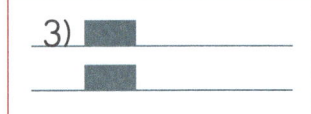

bummeln	rasen	stolpern	sprinten	laufen
schreiten	watscheln	wandern	stapfen	schleichen
düsen	treten	schlendern	flitzen	humpeln

3 Welche Wörter gehören nicht zum Oberbegriff **Sport**?
Schreibe ins Heft.

Fußball	Hockey	Weitsprung	Chorsingen
Radfahren	Lesen	Bergsteigen	Baden

4 Finde Wörter zum Oberbegriff **Süßigkeiten**.
Schreibe ins Heft.

> Mit Wörtern aus einem **Wortfeld** kannst du genauer sagen, was du meinst:
> Ich <u>gehe</u> durch den Park. Ich <u>schlendere</u> durch den Park. Ich <u>renne</u> durch den Park.
> Zu einem Wortfeld gehören meistens **Wörter einer Wortart**.
>
> Du kannst Wörter auch in Gruppen unter einem **Oberbegriff** zusammenfassen:
> Oberbegriff *Sport*: Fußball, Hockey, Schwimmen, …
> Wörter kannst du unter verschiedenen Oberbegriffen zusammenfassen:
> Oberbegriff *Sport*: Fußball / Oberbegriff *Hobby*: Fußball /
> Oberbegriff *Angebot im Sportverein*: Fußball / …

Verben zum Wortfeld *rennen* identifizieren
Wörter zum Oberbegriff *Sport* identifizieren
Wörter zum Oberbegriff *Süßigkeiten* finden

HR

Wörter Oberbegriffen zuordnen

1 Ordne die Nomen den Oberbegriffen zu. Schreibe ins Heft.

Geige	See	Klavier	Bohrmaschine	Tisch	Säge
Sessel	Teich	Gitarre	Hammer	Bach	Bett

1) Musikinstrumente	Gewässer	Möbel	Werkzeuge
Geige	▄	▄	▄
▄	▄	▄	▄

2 Finde zu jedem Oberbegriff von Aufgabe 1 jeweils zwei weitere Wörter und ergänze sie im Heft.

3 Ersetze die Wörter durch passende Oberbegriffe.
Schreibe die Sätze mit den Oberbegriffen ins Heft:

3a) Wir wollen Vögel beobachten.
b) ▄

a) Wir wollen Spatzen, Finken, Meisen und Amseln beobachten.

b) Auf dem Fußweg bummeln, schlendern, spazieren und laufen Leute.

c) Ich spiele gern mit Autos, Treckern, Baggern und Rennwagen.

d) In der Kantine schmatzen, kauen, speisen und mampfen Kinder.

e) Lisa legt Messer, Gabeln, Teelöffel und Esslöffel auf den Tisch.

4 Suche dir ein Partnerkind.
Schaut euch die Bilder an und besprecht,
wann Oberbegriffe nützlich sind und wann nicht.

Wörter Oberbegriffen zuordnen
Passende Oberbegriffe finden
Den Nutzen von Oberbegriffen erkennen und verbalisieren

KV 17
Fö 18/Fo 11
HR

7

AH S. 8-9

5

Merkmale von Nomen festigen und anwenden

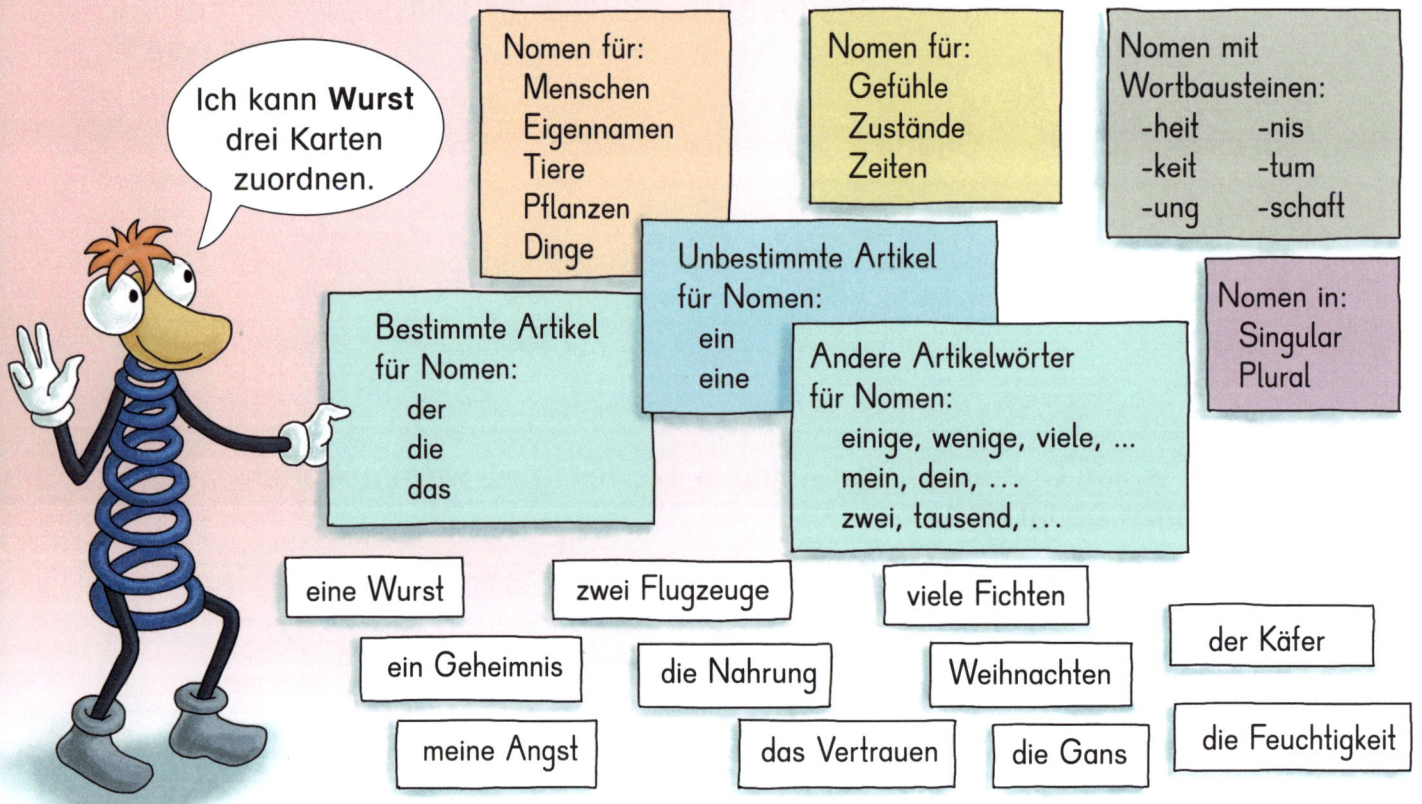

Ich kann Wurst drei Karten zuordnen.

Nomen für:
Menschen
Eigennamen
Tiere
Pflanzen
Dinge

Nomen für:
Gefühle
Zustände
Zeiten

Nomen mit Wortbausteinen:
-heit   -nis
-keit   -tum
-ung   -schaft

Unbestimmte Artikel für Nomen:
ein
eine

Bestimmte Artikel für Nomen:
der
die
das

Andere Artikelwörter für Nomen:
einige, wenige, viele, ...
mein, dein, ...
zwei, tausend, ...

Nomen in:
Singular
Plural

eine Wurst
zwei Flugzeuge
viele Fichten
der Käfer
ein Geheimnis
die Nahrung
Weihnachten
die Feuchtigkeit
meine Angst
das Vertrauen
die Gans

1 Sprich mit einem Partnerkind.

a) Was macht Flex?

b) Ordnet die Wortkarten den bunten Karten zu.

Nomen schreibst du groß. Sie können im **Singular** und im **Plural** stehen:
eine Wurst, viele Würste.
Nomen haben ein **grammatisches Geschlecht**. Man erkennt es am **bestimmten Artikel**: <u>der</u> Käfer – männlich, <u>die</u> Gans – weiblich, <u>das</u> Vertrauen – sächlich.
Unbestimmte Artikel von Nomen sind ein, eine.
Es gibt auch andere **Artikelwörter**: viele, wenige, hundert, mein, deine, ...
Nomen können **Wortbausteine** am Ende haben: -heit, -keit, -ung, -nis, -tum, -schaft.

2 Setze passende Artikelwörter vor die Nomen. Schreibe ins Heft.

einem	meine	viele	den	tausend	manche

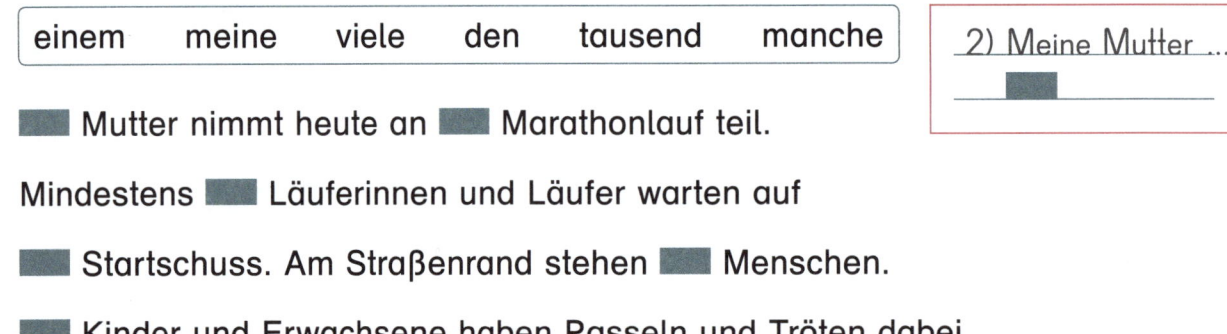

2) Meine Mutter ...

� Mutter nimmt heute an ▪ Marathonlauf teil.

Mindestens ▪ Läuferinnen und Läufer warten auf

▪ Startschuss. Am Straßenrand stehen ▪ Menschen.

▪ Kinder und Erwachsene haben Rasseln und Tröten dabei.

Die Wortart *Nomen* wiederholen
Fachbegriffe *männlich, weiblich, sächlich* für das grammatische
Geschlecht und Artikelwörter kennenlernen

der Rock – das Röckchen

die Jacke – das Jäckchen

das Kleid – das Kleidchen

der Hund – das Hündlein

die Schnecke – das Schnecklein

das Lamm – das Lämmlein

Man kann aber auch **Röcklein** oder **Hündchen** sagen.

3 Sprich mit einem Partnerkind über die Veränderungen bei den Nomen und den Artikeln.

Durch die **Wortbausteine** -chen und -lein kannst du aus Nomen die Verkleinerungsform oder Verniedlichungsform bilden: das Jäck chen, das Ent lein, … Der bestimmte Artikel von Nomen mit -chen und -lein ist immer **das**.

4 Bilde Nomen mit dem Wortbaustein **-chen** oder **-lein** und schreibe sie mit Artikel ins Heft. Markiere die Veränderungen in den Wörtern mit dem Wortbaustein.

4) der Mund – das Mündchen
der Bach – das Bächlein

der Mund	die Pflanze
der Bach	der Fisch
das Band	der Kuchen
der Wald	der Affe

Bei manchen Wörtern mit **-chen** und **-lein** verändern sich Buchstaben oder es fallen Buchstaben weg.

5 Zeige einem Partnerkind die Nomen, die zu den Merkmalen passen.

die Haie   die Rechnung   die Freude   wenig Lärm   ein Kaiser   das Gras

bestimmter weiblicher Artikel, Singular, Ding, Wortbaustein -ung

bestimmter sächlicher Artikel, Singular, Pflanze

bestimmter weiblicher Artikel, Singular, Gefühl

unbestimmter männlicher Artikel, Singular, Mensch

bestimmter Artikel, Plural, Tier

Artikelwort, Zustand

Die Wortbausteine -chen und -lein für Nomen kennenlernen
Nomen mit den Wortbausteinen -chen und -lein bilden
Nomen unterschiedlichen Merkmalen zuordnen

KV 20
Fö 21/Fo 12

9, 40   AH S. 10-11   7

Artikelwörter erkennen und nutzen

 **1** Suche dir ein Partnerkind für die Aufgaben 2–4.

 **2** Schreibt den Text ab und setzt passende Artikelwörter ein. Vergleicht dann eure Auswahl.

> 2) Manche
> Menschen ...

▓▓ Menschen sammeln gern Dinge. Zum Beispiel
alle / manche

sammeln ▓▓ Kinder besondere Steine, Briefmarken, Tierfiguren
einige / wenige

oder Sticker. Auch ich bin ▓▓ Sammlerin.
die / eine

Ich sammle ▓▓ Arten von Schweinen. Inzwischen habe ich fast
einige / alle

▓▓ Schweinchen gesammelt. ▓▓ Lieblingsschwein
achtzig / keine   ein / mein

ist ein Salzstreuer. In ▓▓ Schnauze sind
einer / seiner

kleine Löchlein für das Salz. Total süß.

3 Lest den Text. Zeigt dann die Artikelwörter zu den Nomen.

Am <u>Dienstag</u> findet in unserer <u>Schule</u> ein <u>Vorlesewettbewerb</u> statt. Aus jeder <u>Klasse</u> werden zwei <u>Kinder</u> teilnehmen. Das <u>Buch</u>, aus dem ich lesen werde, heißt „Ein <u>Hund</u> namens <u>Harry</u>". Es enthält viele superlustige <u>Stellen</u>. Bei meiner <u>Lieblingsstelle</u> muss ich immer laut lachen. Ich bin schon jetzt sehr aufgeregt, weil so viele <u>Menschen</u> zuhören werden. Alle <u>Kinder</u> aus der <u>Klasse</u> 4 drücken mir die <u>Daumen</u>.

 **4** Welche Artikelwörter passen in den Text? Sprecht darüber und setzt sie beim Lesen ein.

Jona: „Lola, was ist denn ▓▓ Lieblingstier?"

Lola: „▓▓ Lieblingstiere sind Erdmännchen."

Jona: „Hast du denn ▓▓ Haustier?"

Lola: „Leider erlaubt ▓▓ Vermieter ▓▓ Tiere."

Jona: „Wir haben ▓▓ Ziegen und ▓▓ Hühner, aber leider

▓▓ Haustier. Das wollen ▓▓ Eltern nicht."

Lola: „Wenn ich groß bin, möchte ich auch auf ▓▓ Bauernhof

mit ▓▓ Tieren leben."

Artikelwörter auswählen
Artikelwörter erkennen
Passende Artikelwörter finden und die Auswahl begründen   HR

Merkmale von Nomen anwenden

1 Schreibe die Wörter aus dem Kasten ins Heft.

Unterstreiche: a) die Nomen für Menschen, Tiere, Pflanzen, Dinge **rot**,

                    b) bestimmte und unbestimmte Artikel **gelb**,

                    c) andere Artikelwörter **blau**.

> 1) die Flüssigkeit,
> ...

die Flüssigkeit	mein Gepäck	das Band	die Rettung	wenig Hunger
drei Füchse	ein Käferchen		eine Hecke	der Clown

2 Zeige einem Partnerkind die Nomen von Aufgabe 1, die zu den Merkmalen passen.

bestimmter sächlicher Artikel, Singular, Ding	bestimmter männlicher Artikel, Singular, Mensch	Artikelwort, Singular, Ding

bestimmter weiblicher Artikel Singular, Wortbaustein -ung

bestimmter weiblicher Artikel, Singular, Wortbaustein -keit

Heke

unbestimmter sächlicher Artikel, Singular, Tier, Wortbaustein -chen

unbestimmter weiblicher Artikel Singular, Pflanze

Fucks

Hunger

Artikelwort, Plural, Tier

Artikelwort, Gefühl

3 Lies die Sprechblasen und schreibe mögliche Nomen mit Artikelwort ins Heft.

Ich suche ein Nomen im Singular. Es soll ein Wort für ein Tier sein und einen unbestimmten Artikel haben.

Mein Nomen soll sächlich sein und der Name für ein Ding sein. Das Nomen soll mit Artikel im Plural stehen.

Mein Nomen soll ein Eigenname für einen Fluss sein. Davor steht ein bestimmter Artikel.

Vor meinem Nomen steht ein Artikelwort. Das Nomen steht im Plural und bezeichnet Menschen.

Mein Nomen hat einen männlichen Artikel im Singular und steht für einen Zustand.

Gesucht ist ein Nomen mit einem sächlichen Artikel im Singular und dem Wortbaustein -chen. Bei dem Nomen handelt es sich um ein Ding.

Nomen und Artikelwörter identifizieren
Nomen vorgegebenen Merkmalen zuordnen
Zu vorgegebenen Merkmalen Nomen finden

KV 22
Fö 24/Fo 12
HR

9-10

9

Pronomen kennenlernen

Einige Namen und Nomen kannst du hier ersetzen.

Esra hat einen neuen Ball.

Der Ball hat rote Punkte.

Jetzt will Esra mit Ole spielen.

Esra wirft Ole den Ball zu.

Ole fängt den Ball auf und lacht.

er
sie
ihm
ihn

1 Suche dir ein Partnerkind für die Aufgaben 1 – 5. Überlegt:

a) Was meint Flora?

b) Ersetzt einige Nomen und Eigennamen
   durch die Wörter im Kasten.

> **Pronomen** sind Wörter, die Nomen und Eigennamen ersetzen:
> ich, du, er, sie, es, wir, ihr, sie.
> Andere Pronomen sind: mir, dir, ihm, ihr, uns, euch, ihnen und mich, dich, sich.

2 Lies die Sätze einem Partnerkind vor. Setze die passenden Pronomen ein.

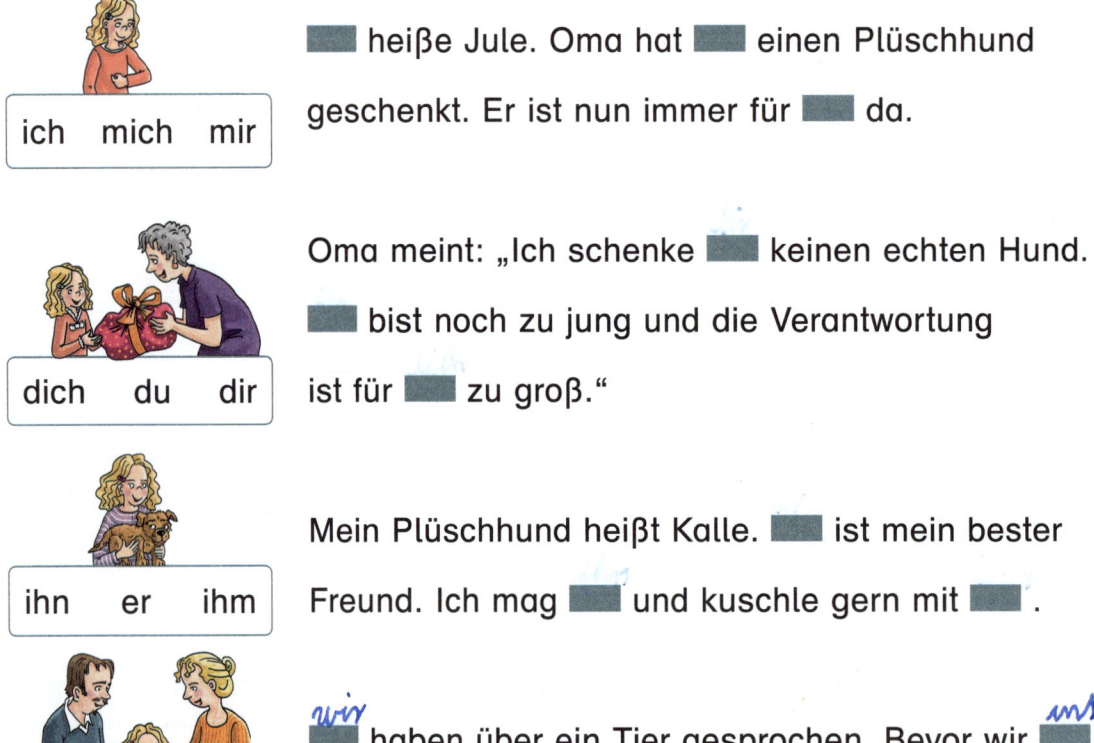

■ heiße Jule. Oma hat ■ einen Plüschhund geschenkt. Er ist nun immer für ■ da.

ich   mich   mir

Oma meint: „Ich schenke ■ keinen echten Hund. ■ bist noch zu jung und die Verantwortung ist für ■ zu groß."

dich   du   dir

Mein Plüschhund heißt Kalle. ■ ist mein bester Freund. Ich mag ■ und kuschle gern mit ■ .

ihn   er   ihm

wir ■ haben über ein Tier gesprochen. Bevor wir uns ■ ein Haustier kaufen, lassen wir uns ■ auf Allergien testen.

uns   wir   uns

Pronomen und ihre Funktion kennenlernen
Nomen und Eigennamen durch Pronomen ersetzen
Pronomen im Nominativ, Dativ und Akkusativ in Sätze einsetzen

3 Lies die Sprechblasen einem Partnerkind vor.
Setze dabei die passenden Pronomen ein.

| ich | du | er | sie | es | wir | ihr | sie |

Gleich besuchen ▢ Oma und Opa. Willst ▢ nicht mitfahren?

Doch! Und ▢ kommt auch mit.

Opa ist super. Immer macht ▢ tolle Sachen mit uns.

Das Geschenk fehlt noch. Holst du ▢ bitte? ▢ habe es auf den Küchentisch gelegt.

Ich habe noch Blumen für Oma und Opa. Da werden ▢ sich freuen.

Jetzt müsst ▢ euch anschnallen. Sonst fahre ich nicht los!

4 Mit welchen Pronomen kannst du die markierten Wörter ersetzen?
Sage es einem Partnerkind.

Mira und Finn planen eine Radtour. Zuerst sprechen ^{sie} ==Mira und Finn== darüber,

wohin der Ausflug gehen soll. Finn möchte zur Burg Löwenstein fahren.

Burgen interessieren ^{ihn} ==Finn== sehr. ^{er} ==Finn== findet die Folterkammer spannend.

Mira will lieber an den Waldsee fahren. ^{sie} ==Mira== schwimmt gern. Die Folterkammer

ist ^{ihr} ==Mira== zu langweilig. Schließlich finden Mira und Finn eine Lösung.

^{sie} ==Mira und Finn== fahren zuerst zur Burg und dann an den Waldsee.

5 Warum ist es manchmal sinnvoll, Pronomen zu benutzen?
Sprecht darüber.

Pronomen in verschiedenen Fällen in Sätze einsetzen
Eigennamen durch Pronomen ersetzen
Die Nützlichkeit von Pronomen in einem Text erkennen

KV 23
Fö 25/Fo 13
▢ HR

11, 41

11

Pronomen in Sätzen nutzen

1 Setze die Pronomen **mir**, **mich** oder **dir**, **dich** ein. Schreibe die Sätze ins Heft.

Ich hole ▆▆ die Bücher ab.

Ich hole ▆▆ ab.

Du schreibst ▆▆ einen Brief.

Du schreibst ▆▆ auf die Liste.

Du kämmst ▆▆ die Haare.

Du kämmst ▆▆.

Ich ziehe ▆▆ eine Jacke an.

Ich ziehe ▆▆ an.

Ich male ▆▆ ein schönes Bild.

Ich male ▆▆ am Strand.

1) Ich hole dir die Bücher ab.

Wenn du **Wem ...?** fragen kannst, setzt du **mir** oder **dir** ein: **Wem** wasche ich die Hose? Ich wasche **mir/dir** die Hose.

Wenn du **Wen oder was ...?** fragen kannst, setzt du **mich** oder **dich** ein: **Wen** wasche ich? Ich wasche **mich/dich**.

2 Lies den Text halblaut. Setze die Pronomen **mir** oder **mich** ein.

Manchmal fragt Oma ▆▆, ob wir einen Ausflug machen wollen.

Damit macht sie ▆▆ immer eine große Freude. Oft kann ich ▆▆

nicht entscheiden, wohin wir gehen sollen. Oma hilft ▆▆ dann

bei der Entscheidung und schlägt ▆▆ verschiedene Dinge vor.

Einmal hat sie ▆▆ auch überrascht.

3 Lies den Text halblaut. Setze die Pronomen **dir** oder **dich** ein.

Ich möchte ▆▆ gern etwas schenken. Ich weiß aber nicht genau,

was ▆▆ begeistern würde. Im letzten Jahr habe ich ▆▆

ein Buch gekauft, aber Bücher langweilen ▆▆ zur Zeit. Ich sollte ▆▆

wohl fragen, dann kann ich ▆▆ sicher eine Freude machen.

Pronomen im Akkusativ und Dativ in Sätze einsetzen
Pronomen im Akkusativ und Dativ in einen Text einsetzen

KV 24
Fö 26/Fo 13

Pronomen in Briefen und E-Mails nutzen

1 Lies den Brief einem Partnerkind vor. Setze dabei die Pronomen ein.

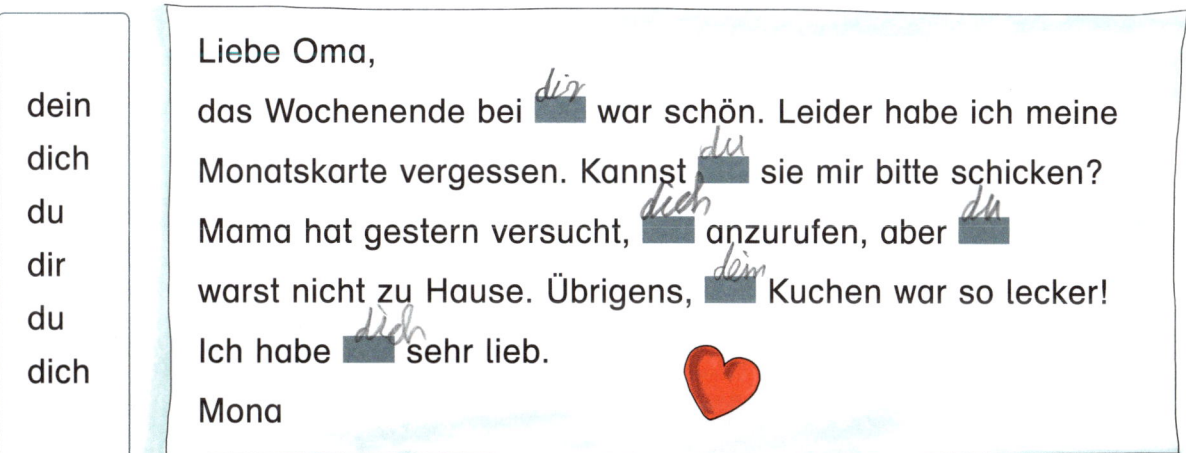

dein dich du dir du dich	Liebe Oma, das Wochenende bei *dir* war schön. Leider habe ich meine Monatskarte vergessen. Kannst *du* sie mir bitte schicken? Mama hat gestern versucht, *dich* anzurufen, aber *du* warst nicht zu Hause. Übrigens, *dein* Kuchen war so lecker! Ich habe *dich* sehr lieb. Mona

2 Setze die Pronomen in die E-Mail ein. Schreibe ins Heft.

Ihr   Sie   Ihre   Ihnen   Ihrem

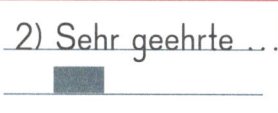
2) Sehr geehrte ...

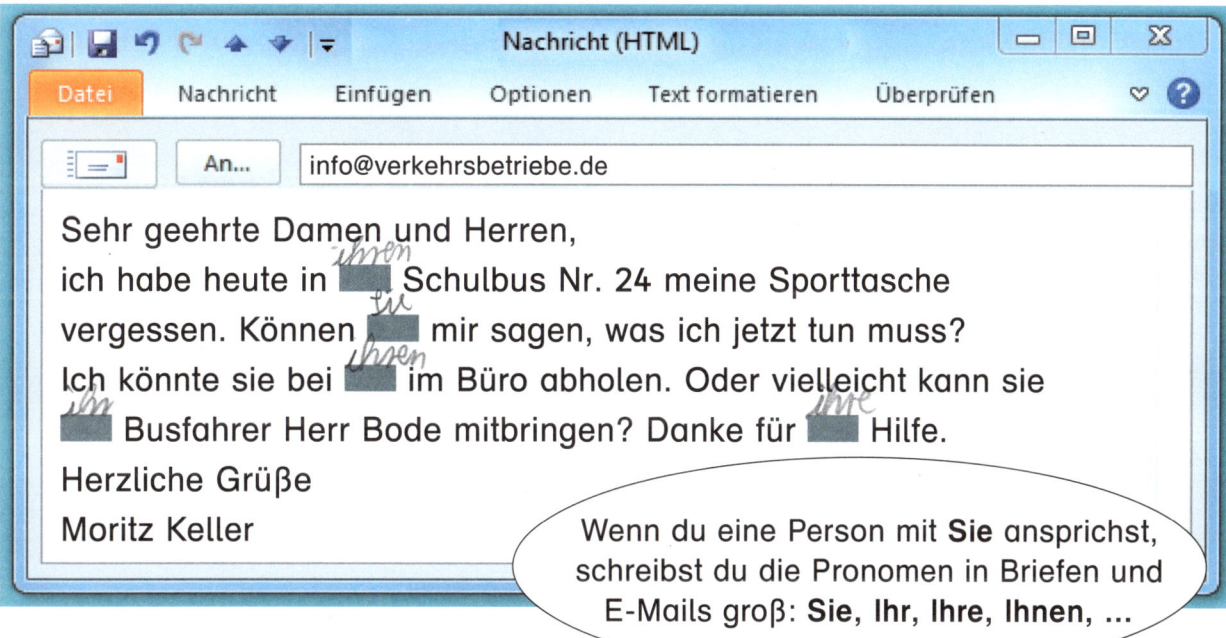

Nachricht (HTML)

Datei   Nachricht   Einfügen   Optionen   Text formatieren   Überprüfen

An...   info@verkehrsbetriebe.de

Sehr geehrte Damen und Herren,
ich habe heute in *Ihrem* Schulbus Nr. 24 meine Sporttasche
vergessen. Können *Sie* mir sagen, was ich jetzt tun muss?
Ich könnte sie bei *Ihnen* im Büro abholen. Oder vielleicht kann sie
Ihr Busfahrer Herr Bode mitbringen? Danke für *Ihre* Hilfe.
Herzliche Grüße
Moritz Keller

Wenn du eine Person mit **Sie** ansprichst, schreibst du die Pronomen in Briefen und E-Mails groß: **Sie, Ihr, Ihre, Ihnen, ...**

3 Schreibe einen Brief an eine Freundin
oder an einen Freund ins Heft.
Lade sie oder ihn für das Wochenende ein.

3) Liebe/Lieber ...,
ich möchte ...

4 Schreibe eine E-Mail an die Feuerwehr.
Frage, ob ihr beim Klassenfest ein Lagerfeuer auf dem Schulhof machen dürft.
Frage nach, was ihr dabei beachten müsst: Sehr geehrte Damen und Herren,
wir möchten ...

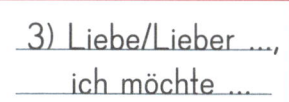

Anredepronomen in einer persönlichen Mitteilung nutzen
Höfliche Anredepronomen in einer formalen Mitteilung großschreiben
Mitteilungen schreiben und Anredepronomen verwenden

KV 23, 24
Fo 13
HR

S1

12

13

Kommas bei Aufzählungen und Bindewörtern nutzen

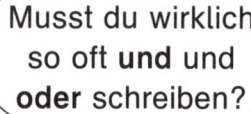

Musst du wirklich so oft **und** und **oder** schreiben?

> Zu Beginn der Sportstunde bauen wir das Reck und das Trampolin und den Barren und den Schwebebalken und den Kasten auf.
> Die Kinder können laufen oder springen oder klettern oder balancieren oder hüpfen.

1 Sprich mit einem Partnerkind.
Was meint Flex?

2 Lies die Sätze. Mache bei jedem Komma eine Pause.

Auf der Matte liegen weiche Bälle, lange Seile, Rollbretter und Frisbees.

Mit den Bällen kann man auf Dosen zielen, jonglieren oder in Körbe werfen.

Li ist mit den Bällen recht geschickt, unglaublich schnell und sehr zielsicher.

> Zwischen Wörtern und Wortgruppen, mit denen du etwas **aufzählst**, setzt du ein **Komma**: Die Kinder in unserer Klasse heißen Luis, Meral, Bastian, Maja, ...
> Das sind die nette Meral, der schlaue Luis, die witzige Maja, ...
>
> Vor **und** und **oder** setzt du bei Aufzählungen **kein Komma**: Paolo, Sara, Felix und Merle lesen gern. Lene spielt oft mit Hannes, Büsra, Hakan oder Lasse.
>
> Auch bei den mehrgliedrigen Bindewörtern **sowohl ... als auch**, **entweder ... oder**, **weder ... noch** setzt du **kein** Komma:
> Suri spielt sowohl Flöte als auch Geige.
> Die Kinder wollen entweder die Bäckerei oder die Feuerwache besichtigen.

3 Setze **und**, **oder**, mehrgliedrige Bindewörter und Kommas ein. Schreibe ins Heft.

> 3) Die Kinder der 4c sind sauer.
> Sie dürfen weder Brennball
> noch Völkerball ...

Die Kinder der 4c sind sauer. Sie dürfen

Brennball   Völkerball spielen. Sie müssen laufen   springen   werfen. Die

Klasse kann nur entscheiden, ob sie zuerst zur Laufbahn   zur Sprunggrube

geht. Alex   Suse   Ole   Max   Maike rennen sofort zur Laufbahn.

13

Das Satzzeichen *Komma* und dessen Funktion kennenlernen
Die Konjunktionen *und*, *oder* und mehrgliedrige Konjunktionen
kennenlernen, bei denen keine Kommas gesetzt werden

KV 25

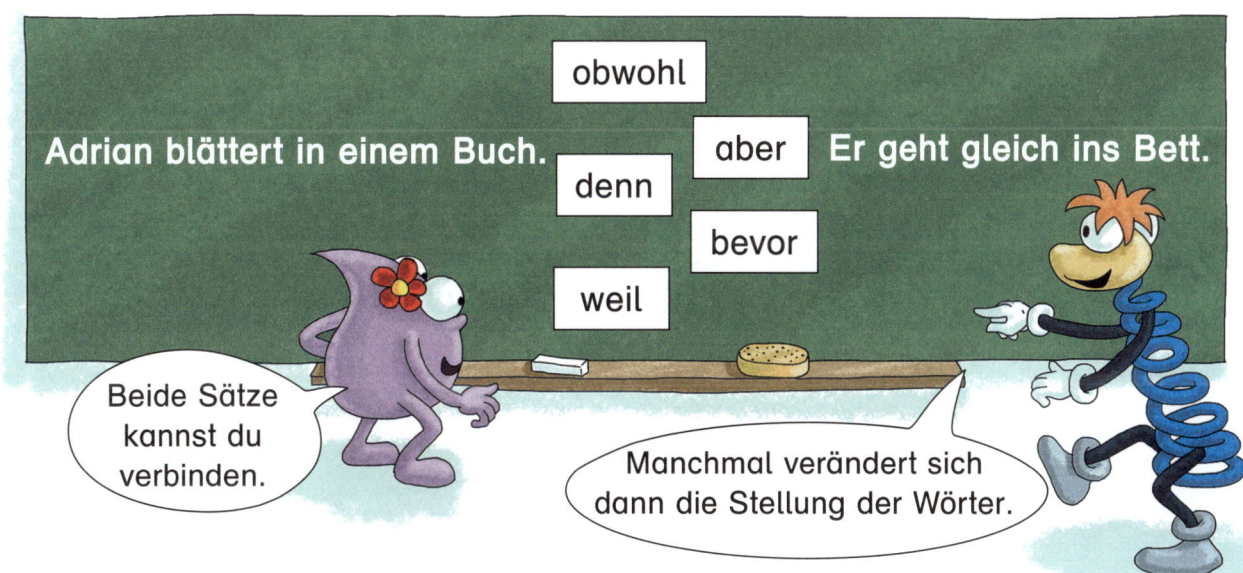

 **4** Sprich mit einem Partnerkind.
Wie könnt ihr die Sätze oben im Bild
miteinander verbinden? Bildet Sätze.

Du kannst Sätze mit **Bindewörtern** verbinden.
Bindewörter sind: aber, bevor, da, damit, dass, denn, obwohl, nachdem,
wenn, während, …
Vor diesen Bindewörtern setzt du **ein Komma**.
Ein Bindewort heißt auch **Konjunktion**.

5 Schreibe die Sätze ins Heft. Markiere die
Bindewörter und die Kommas in den Sätzen.

5) Merle hat erfahren, dass …

Merle hat erfahren, dass ihr Freund in eine andere Stadt zieht.

Irina geht ins Schwimmbad, obwohl sie Hausaufgaben machen muss.

Karim kann nicht gut laufen, denn er hat sich den Fuß verstaucht.

Daniel isst ein Brot, während er mit seinem Freund telefoniert.

Conny kommt später, weil sie den Bus verpasst hat.

6) Dilara liest …

6 Verbinde immer zwei Sätze mit einem Bindewort.
Schreibe ins Heft.

Dilara liest einen Krimi.	weil	Sie liegt in der Badewanne.
Unsere Nachbarin singt.	während	Sie hat Halsschmerzen.
Tina streichelt den Hund.	bevor	Sie spielt mit Lou im Park.
Ella geht zur Schule.	obwohl	Sie isst ein Brötchen.

Bindewörter für nebengeordnete Sätze und ihre Funktion kennenlernen
Sätze mit Bindewörtern verbinden und die Satzstellung
im Nebensatz verändern

KV 26
Fö 27/Fo 14

14   AH S. 12-13   **15**

das, dass …

 **1** Suche dir ein Partnerkind
für die Aufgaben 2−7.

 **2** Zeigt **das** in den Sätzen.
Ersetzt **das** durch **dieses**,
jenes oder **welches**.
Sprecht die Sätze abwechselnd.

Probiere aus, ob du
dieses, **jenes**, **welches**
einsetzen kannst:
dieses Haus, das geht!
Also: **das** Haus.

 dieses

Das Haus an der Ecke gehört meinem Onkel.

Das Rezept, das Oma für den Kuchen nutzt, ist einfach.

Mein Onkel hat sich das bunte Hemd für den Urlaub gekauft.

Ich lese ein Buch, das mir Monja geliehen hat.

 **3** Verbindet die Sätze mit **das** und
schreibt sie ins Heft.
Denkt an das Komma davor.
Probiert, ob ihr **das** durch **dieses**,
jenes oder **welches** ersetzen könnt.
Markiert **das** nach dem Komma.

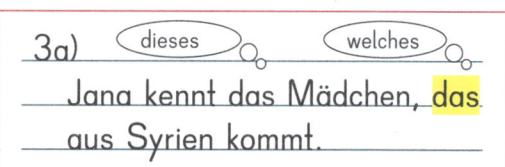

3a) dieses welches
Jana kennt das Mädchen, das
aus Syrien kommt.

a) Jana kennt das Mädchen.   Das Mädchen kommt aus Syrien.

b) Bogdan mag das Buch.   Das Buch hat Oma ihm geschenkt.

c) Ich sehe das Auto.   Das Auto hält an der Ampel.

 **4** Zeigt **dass** in den Sätzen.
Versucht, **dass** durch **dieses**, **jenes** oder **welches**
zu ersetzen und sprecht euch die Sätze abwechselnd vor.

Hier kann ich
<u>nicht</u> **dieses**, **jenes**,
welches einsetzen,
also: d

Ich finde es blöd, dass ich vor Arbeiten so aufgeregt   bin.

Ich glaube, dass ich genug geübt habe.

Ich weiß, dass ich die Aufgaben genau lesen muss.

Ich bin sicher, dass meine Rechtschreibung besser werden wird.

das/dass als Artikel, Relativpronomen bzw. Bindewort kennenlernen
Sätze mit *das* verbinden (Probe mit *dieses, jenes, welches* anwenden)
Die Nutzung des Bindeworts *dass* kennenlernen

... und andere Bindewörter nutzen

 **5** Setzt **das** oder **dass** in die Sätze ein.
Schreibe ins Heft.

Mir gefällt dein Buch, ▓▓ du mir geliehen hast.

Ich weiß, ▓▓ ich es schnell lesen werde.

Ich hoffe, ▓▓ es ein gutes Ende haben wird.

Opa sagt, ▓▓ Eis im Winter nicht schmeckt.

Aber ▓▓ ist nur seine Meinung.

Ich finde, ▓▓ Eis in jeder Jahreszeit lecker ist.

Sport ist ein Fach, ▓▓ mir gut gefällt.

Es ist schade, ▓▓ es manchmal ausfällt.

▓▓ liegt an der Renovierung der Turnhalle.

Das Mädchen, ▓▓ neu in unserer Klasse ist, steht im Tor.

Lia wehrt die Bälle so geschickt ab, ▓▓ alle erstaunt sind.

Ich wundere mich, ▓▓ sie keine Angst vor den harten Bällen hat.

> 5) Mir gefällt dein Buch,
> das ...
> ▓▓

dieses, jenes, welches → **das**

~~dieses, jenes, welches~~ → **dass**

 **6** Lest den Text. Zeigt euch die Bindewörter und die Stellen,
an denen ein Komma gesetzt wird.

Jona ist wütend, denn seine Mannschaft hat verloren.

Der Ball war eindeutig hinter der Linie aber der Schiedsrichter hat

nicht gepfiffen. Das haben sowohl die Zuschauer als auch die

Ersatzspieler gesehen. Es war nicht gerecht weil sein Team dadurch

eine Torchance weniger hatte. Jetzt steigen sie vielleicht ab obwohl

sie besser gespielt haben. Jona ärgert sich noch während seine

Mannschaft schon über das nächste Spiel diskutiert. Jona kann

weder zuhören noch sich auf das nächste Spiel freuen.

 **7** Warum habt ihr in Aufgabe 6 manchmal ein Komma gesetzt und
manchmal nicht? Erklärt es euch gegenseitig.

Das Relativpronomen *das* bzw. das Bindewort *dass* einsetzen
Bindewörter in einem Text erkennen und Kommas setzen
Kommaregeln bei Bindewörtern verbalisieren

KV 27, 28
Fo 17

 15, 42 **17**

Satzarten unterscheiden, Satzzeichen und Redezeichen setzen

1 Sprich mit einem Partnerkind.

a) Lest die Sätze. Betont sie so, dass ihr hört, welche Satzzeichen ihr setzen müsst.

b) Sagt, welche Satzzeichen in die Sprechblasen gehören.

2 Schreibe die Sätze zu der passenden Satzart ins Heft. Setze die Satzzeichen . ? !.

Lulu und Ben gehen in den Skatepark

Wow, eine riesige Halfepipe

Was soll denn schon passieren

Fahr

Lulu ist wirklich mutig

> 2) Aussagesatz:
> Lulu …

> Aufforderungssatz
>
> Ausrufesatz
>
> Aussagesatz
>
> Fragesatz

Am Ende von Sätzen müssen **Satzzeichen** stehen:

. **Punkt** - am Ende eines Aussagesatzes: Meine Mütze ist weg.
? **Fragezeichen** - am Ende eines Fragesatzes: Liegt sie im Flur?
! **Ausrufezeichen** - am Ende eines Ausrufesatzes: So ein Mist!
! **Ausrufezeichen** - am Ende eines Aufforderungssatzes: Schau genau!

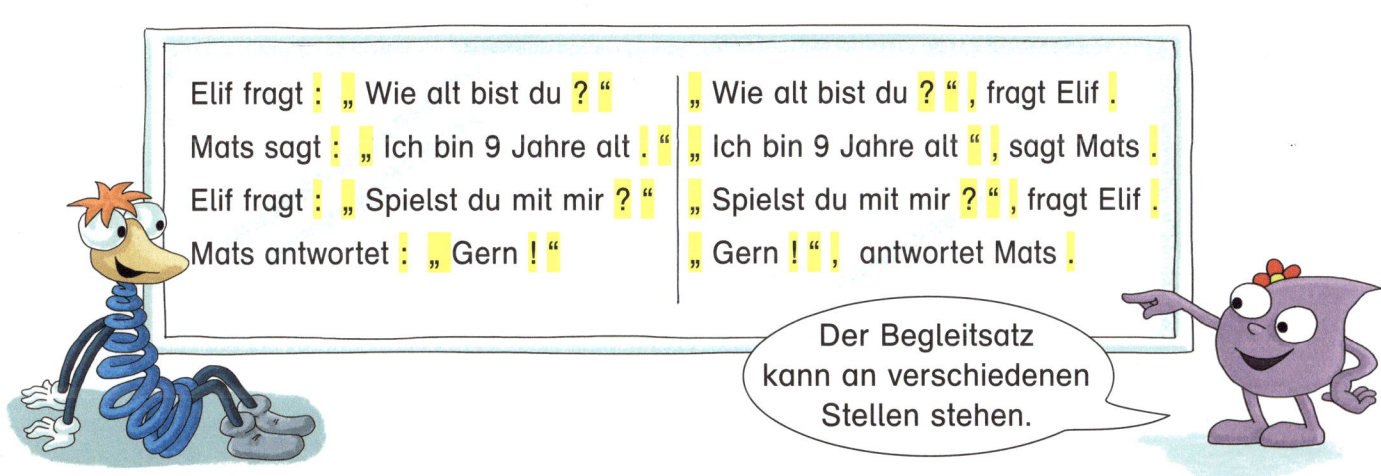

Der Begleitsatz kann an verschiedenen Stellen stehen.

3 Suche dir ein Partnerkind. Lest die Gespräche oben im Bild. Sprecht über die Unterschiede.

Der **Begleitsatz** sagt dir, wer spricht. Er heißt auch **Redebegleitsatz**.
Was gesprochen wird, heißt **wörtliche Rede**.
Der Begleitsatz kann vor oder nach der wörtlichen Rede stehen.
Elif fragt: „Wie alt bist du?"   „Wie alt bist du?", fragt Elif.
Steht der Begleitsatz nach der wörtlichen Rede, fällt bei einem Aussagesatz
in der wörtlichen Rede der Punkt weg: „Ich bin 9 Jahre alt", sagt Mats.

4 Lies die Sätze.
Schreibe das Gespräch ins Heft.
Setze Satzzeichen und Redezeichen.

4) „Wie läuft es in der Schule?", fragt Oma.

▭ Wie läuft es in der Schule ▭ ▭ ▭ fragt Oma ▭

▭ Meistens ist es ganz gut ▭ ▭ antwortet Kolja ▭

Oma fragt ▭ ▭ Was ist dein Lieblingsfach ▭ ▭

▭ Sport ▭ ▭ ▭ ruft Kolja ▭

Oma erwidert ▭ ▭ Das kann ich gut verstehen ▭

Da gibt es auch keine Hausaufgaben ▭ ▭

In der wörtlichen Rede können auch mehrere Sätze stehen.

5 Unterstreiche im Heft in den Sätzen von Aufgabe 4 die Begleitsätze **blau** und die wörtliche Rede **rot**.

6 Schreibe ein Gespräch mit Begleitsätzen vor und nach der wörtlichen Rede ins Heft. Unterstreiche die Begleitsätze **blau** und die wörtliche Rede **rot**.

Wirkung vor- und nachgestellter Begleitsätze untersuchen
Satzzeichen bei nachgestellten Begleitsätzen kennenlernen
Redezeichen und Satzzeichen in einem Text setzen

KV 29
HR

17

19

Satzarten erkennen

 **1** Lies die Sätze. Sage auch die Satzzeichen . ? ! .
Sage einem Partnerkind die passende Satzart.

Fragesatz
Aussagesatz
Ausrufesatz
Aufforderungssatz

Vater sagt: „Opa hat nächste Woche Geburtstag ▨"

Jakob jubelt: „Stimmt genau ▨"

Pia fragt: „Was wollen wir ihm schenken ▨"

Jakob nuschelt: „Ich habe mir noch nichts überlegt ▨"

Pia will wissen: „Wollen wir etwas basteln ▨"

Jakob entgegnet: „Wir machen ein Gutscheinheft ▨"

Pia ruft: „Das ist eine tolle Idee ▨"

Jakob brüllt: „Komm ▨"

Pia erkundigt sich: „Haben wir alle Materialien ▨"

Papa meint: „Ich habe Bastelpapier ▨"

Jakob ruft: „Hol es, bitte ▨"

 **2** Was hat dir beim Erkennen der Satzart in Aufgabe 1
geholfen? Erkläre es einem Partnerkind.

3 Bilde aus den Aussagesätzen Fragesätze.
Denke an die Fragezeichen am Ende.
Schreibe ins Heft.

> 3) Findet ...
> ▨

Die Geburtstagsparty findet im Garten statt.

Wir hängen Lampions in die Bäume.

Abends grillen wir Würstchen.

Die Nachbarn kommen auch zum Fest.

Sie bringen ihren Hund zur Party mit.

Der Hund heißt Felix.

Auf der Party hat Felix viel Spaß.

Er bekommt auch ein kleines Würstchen.

Abends ist Felix sehr müde.

Redezeichen und Satzzeichen setzen

1 Setze alle Satzzeichen und Redezeichen.
Schreibe ins Heft.

> 1) Die Lehrerin
> sagt: ...

Die Lehrerin sagt ▩ ▩ Ich will euch etwas erklären ▩ ▩

▩ Da sind wir gespannt ▩ ▩ meint Agnes ▩

▩ Der Wortbaustein *Un-* macht aus den Wörtern immer etwas

Hässliches oder Schlechtes ▩ Das sieht man an den Wörtern

*Un*sinn oder *Un*fug ▩ ▩ erklärt die Lehrerin ▩

Dann fragt sie ▩ ▩ Wer kann mir noch ein Beispiel

nennen ▩ ▩ ▩ *Un*terricht ▩ ▩ ▩ ruft Agnes ▩

2 Sage einem Partnerkind, welche Satzzeichen in die Sprechblasen passen.

3 Schreibe das Gespräch von Aufgabe 2
ins Heft.
Die Begleitsätze können sowohl vor
als auch nach der wörtlichen Rede stehen.

> 3) „Guten Tag!", sagt Herr ...
> ▩

4 Unterstreiche im Heft die Begleitsätze blau und die wörtliche Rede rot.
Markiere die Satzzeichen und die Redezeichen.

Redezeichen und Satzzeichen in einem Text ergänzen
Ein Gespräch als Text mit Redezeichen und Satzzeichen schreiben
Den Begleitsatz in einem Text in unterschiedlichen Positionen nutzen

KV 31
Fö 31, 32/Fo 16

19   AH S. 15   **21**

Zusammengesetzte Wörter untersuchen

1 Sprich mit einem Partnerkind.

a) Was meint Flora?

b) Welche Wörter könnten die Personen oben verwenden? Sagt sie.

Ein Haus im Baum ist ein ___.

Ein Kuchen mit Äpfeln ist ein ___.

Ein Stuhl, in dem man liegt, ist ein ___.

Schnell wie der Blitz nennt man ___.

2 Bilde zu jedem Grundwort jeweils drei zusammengesetzte Nomen.

2) der Stift: der Buntstift, …
___
___

der Stift
das Rad
der Baum
die Tür

Wenn du Nomen zusammensetzt, kannst du genauer sagen, was du meinst:

der Baum	+	das Haus	→	das Baumhaus
Bestimmungswort		**Grundwort**		**zusammengesetztes Nomen**

Der Artikel richtet sich bei Nomen immer nach dem Grundwort:
der Baum **+ das** Haus → **das** Baumhaus.

Zusammensetzungen von Wörtern als Mittel zur kürzeren und präziseren Kommunikation kennenlernen
Nomen als Grundwort mit Nomen, Verb oder Adjektiv bilden

HR

3 Bilde aus den Verben und Nomen zusammengesetzte Nomen.
Schreibe sie mit Artikeln ins Heft.

lesen   +   das Buch

schreiben   +   der Tisch

kaufen   +   das Haus

turnen   +   der Schuh

schneiden   +   das Brett

rechnen   +   das Heft

3) lesen + das Buch
→ das Lesebuch, ...

4 Bilde mit den unterstrichenen Wörtern zusammengesetzte Nomen. Schreibe ins Heft.

4a) Schnellstraße
b)

a) Eine Straße, auf der man schnell fährt, ist eine ▮.

b) Ein Bär, der braun ist, heißt ▮.

c) Ein Rad mit drei Rädern ist ein ▮.

d) Ein Schrank, in dem Dinge kühl bleiben, heißt ▮.

e) Eine Stadt, die groß ist, nennt man ▮.

5) stinken + faul
→ stinkfaul, ...

5 Welche Wörter kannst du zusammensetzen?
Schreibe sie ins Heft.

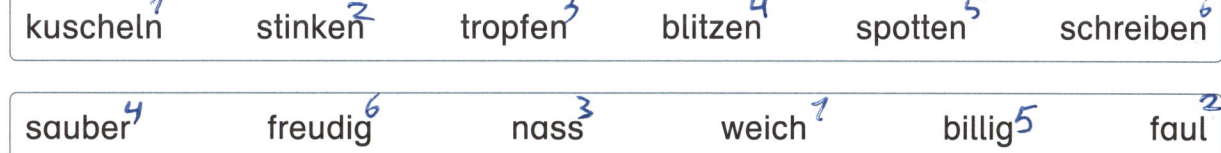

| kuscheln¹ | stinken² | tropfen³ | blitzen⁴ | spotten⁵ | schreiben⁶ |

| sauber⁴ | freudig⁶ | nass³ | weich¹ | billig⁵ | faul² |

Auch mit Verben und Adjektiven kannst du zusammengesetzte Wörter bilden
und dadurch etwas genauer ausdrücken:

liegen	+	der Stuhl	→	der Liegestuhl
kühl	+	der Schrank	→	der Kühlschrank
die Sonne	+	gelb	→	sonnengelb
kuscheln	+	weich	→	kuschelweich
bitter	+	kalt	→	bitterkalt
Bestimmungswort		**Grundwort**		**zusammengesetztes Wort**

Manchmal musst du Buchstaben weglassen, umstellen oder ergänzen, wenn du
Wörter zusammensetzt: das Lesebuch, das Rechenheft, der Blumenstrauß.

Zusammengesetzte Nomen aus Verben und Nomen sowie
Nomen und Adjektiven bilden
Zusammengesetzte Adjektive aus Verb und Adjektiv bilden

KV 32
Fö 33/Fo 17

20   AH S. 16-17   **23**

Nomen in den vier Fällen kennenlernen

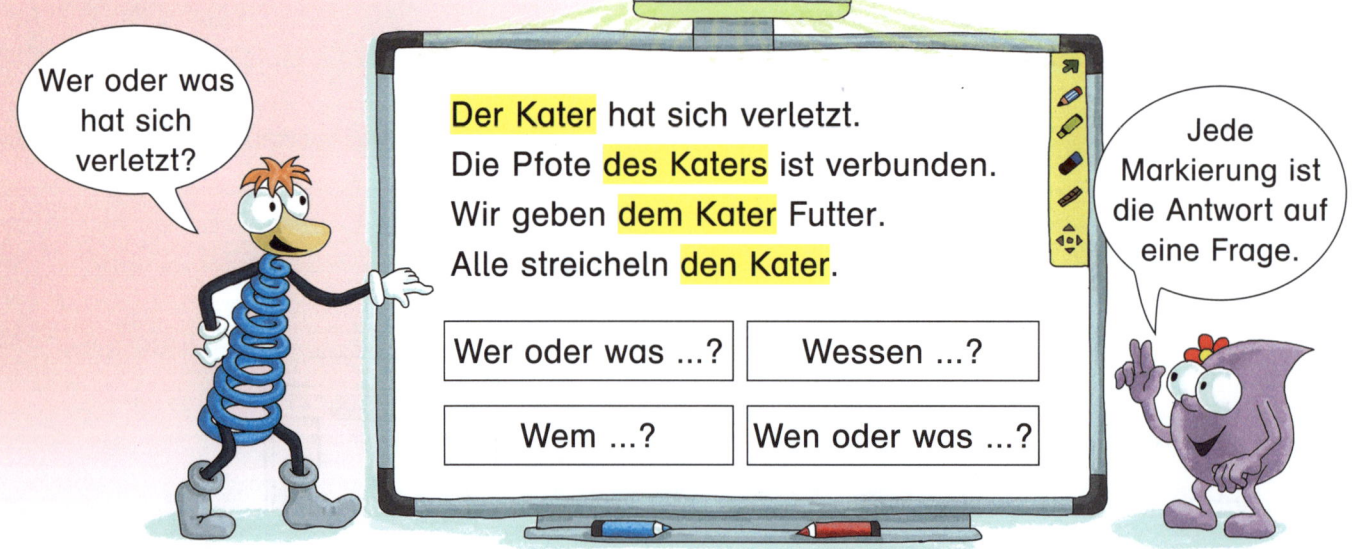

1 Sprich mit einem Partnerkind. Welche Fragen kann Flex noch bilden? Ordnet jeder Frage eine Markierung als Antwort zu.

2 Lies die Fragen. Sage einem Partnerkind, welches Nomen mit dem passenden Artikel in den Antwortsatz eingesetzt wird.

der Hund	dem Hund	den Hund	des Hundes

Wer oder was hatte einen Unfall?   � hatte einen Unfall.

Wessen Bein ist verletzt?   Das Bein ▯ ist verletzt.

Wem helfen die Kinder?   Die Kinder helfen ▯.

Wen oder was sehen die Kinder?   Die Kinder sehen ▯.

> Nomen können in Sätzen in vier Fällen stehen. Sie haben dann verschiedene Artikel.
> Wenn du mit **Wer oder was ...?** fragen kannst, ist es der **Nominativ**: *der Kater*.
> Wenn du mit **Wessen ...?** fragen kannst, ist es der **Genitiv**: *des Katers*.
> Wenn du mit **Wem ...?** fragen kannst, ist es der **Dativ**: *dem Kater*.
> Wenn du mit **Wen oder was ...?** fragen kannst, ist es der **Akkusativ**: *den Kater*.

3 Schreibe die Fragesätze zu den markierten Nomen ins Heft.

Der Junge ist traurig.

Die Jacke des Jungen ist zerrissen.

Kevin will dem Jungen helfen.

Alle respektieren den Jungen.

> 3) Wer oder was ist traurig?
> Der Junge.

Nomen in den vier Fällen kennenlernen
Nomen in den vier Fällen ergänzen
Zu den vier Fällen Fragesätze formulieren

4 Formuliere die Fragen zu den Sätzen und schreibe die passenden Nomen mit Artikel ins Heft.

Der Artikel vor dem Nomen verändert sich je nach Fall und grammatischem Geschlecht.

a)
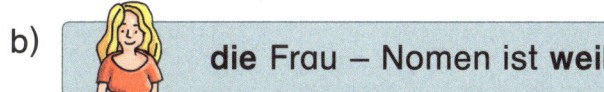
der Mann – Nomen ist **männlich**

Der Mann hat einen Hund.　　Wer oder was ...?

Der Hund des Mannes ist groß.　Wessen ...?

Der Hund gehorcht dem Mann.　Wem ...?

Ich sehe den Mann im Park.　Wen oder was ...?

4a) Nominativ: der Mann
Genitiv: ▭
Dativ: ▭
Akkusativ: ▭

b)
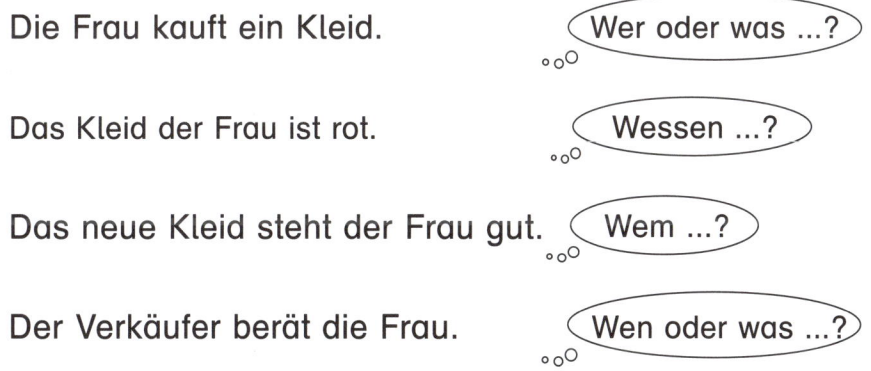
die Frau – Nomen ist **weiblich**

Die Frau kauft ein Kleid.　　Wer oder was ...?

Das Kleid der Frau ist rot.　　Wessen ...?

Das neue Kleid steht der Frau gut.　Wem ...?

Der Verkäufer berät die Frau.　Wen oder was ...?

c)
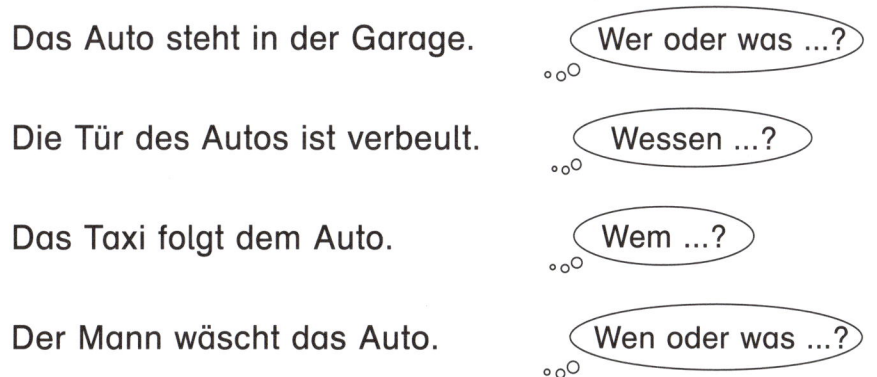
das Auto – Nomen ist **sächlich**

Das Auto steht in der Garage.　Wer oder was ...?

Die Tür des Autos ist verbeult.　Wessen ...?

Das Taxi folgt dem Auto.　　Wem ...?

Der Mann wäscht das Auto.　　Wen oder was ...?

5 Markiere in Aufgabe 4 die Artikel vor den Nomen im Heft.

Durch Fragesätze Nomen in den vier Fällen identifizieren
Nomen der drei grammatischen Geschlechter in den vier Fällen verwenden

KV 35
Fö 36, 37/Fo 18

23

25

Akkusativ, Dativ und Genitiv bilden

 **1** Setze das unterstrichene Nomen im Nominativ in den Akkusativ.
Lies die Sätze einem Partnerkind vor.

Der Hausmeister fegt den Hof. Die Kinder sehen den Hausmeister.

Am Zaun sitzt der Kater. Meine Mutter ruft ███.

Der Garten ist voller Blumen. Ich gehe durch ███.

Die Ärztin steht am Auto. Ich kenne ███ gut.

Im Korb liegt die Zeitung. Onkel Klas nimmt sich ███.

Die Idee ist mir wichtig. Mein Freund ist gegen ███.

Dort steht das Fahrrad. Ali will ███ putzen.

Das Chaos ist schlimm. Ich beseitige ███.

Das Pony steht im Stall. Zoe holt Futter für ███.

Fröhlich tobt der Hund auf der Wiese. Said ruft ███ laut.

Im Wintergarten wächst die Palme gut. Täglich gießt Nikita ███.

Das Zimmer ist gemütlich. Zoe geht in ███.

> Nach dem Akkusativ fragst du mit **Wen oder was ...?**

 **2** Setze das unterstrichene Nomen im Nominativ in den Dativ.
Lies die Sätze einem Partnerkind vor.

Der Vater hat Geburtstag. Der Sohn schenkt ███ Pralinen.

Im Zirkus lacht der Clown. Die Kinder winken ███ zu.

Der Lichtstrahl ist hell. Wir folgen ███.

Die Lehrerin erzählt etwas. Ich höre ███ zu.

Die Hitze ist groß. Von ███ werden Menschen krank.

Die Katze hat sich verletzt. Wir gehen mit ███ zum Arzt.

Das Mädchen isst Kirschen. Die Kirschen schmecken ███.

Dort hoppelt das Kaninchen. Ich folge ███.

Allen macht das Spiel Spaß. Sie achten bei ███ auf Fairness.

> Nach dem Dativ fragst du mit **Wem ...?**

26

Nomen mit Artikel im Akkusativ schreiben
Nomen mit Artikel im Dativ schreiben
Akkusativ und Dativ nach Verben und Präpositionen verwenden

3 Setze das unterstrichene Nomen im Nominativ in den Genitiv. Lies die Sätze einem Partnerkind vor.

Der Junge ist hingefallen. Die Hose ▨ ist kaputt.

In der Ecke sitzt der Hamster. Der Käfig ▨ ist groß.

Der Ärger ist groß. Der Grund ▨ ist verständlich.

Die Frau fährt mit dem Auto. Das Auto ▨ ist schwarz.

Auf dem Tisch liegt die Nadel. Die Spitze ▨ ist verbogen.

Die Strömung ist heftig. Die Stärke ▨ ist gefährlich.

Das Kind schläft tief und fest. Die Wiege ▨ ist hellblau.

In der Box steht das Pferd. Die Box ▨ ist sauber.

Das Kleid ist hübsch. Der Preis ▨ ist zu hoch.

> Nach dem Genitiv fragst du mit **Wessen ...?**

4 Setze das unterstrichene Nomen im Nominativ in den Sätzen passend in den Akkusativ, Dativ oder Genitiv. Schreibe die Sätze ins Heft.

4) Oma streichelt den Hund.
▨
▨

Der Hund tobt im Park.   Oma streichelt ▨.

Das Halsband ▨ ist blau.

Opa gibt ▨ Kommandos.

Die Frau sitzt im Restaurant. Die Haare ▨ sind blond.

Die Kellnerin bedient ▨.

Sie bringt ▨ ein Eis.

Das Kaninchen frisst Salat.   Ich gebe ▨ auch Gurke.

Die Farbe ▨ gefällt mir.

Ivana streichelt ▨.

5 Schreibe vier Sätze wie in Aufgabe 4 zu einem Nomen ins Heft. Das Nomen soll in den vier Fällen stehen.

5) ▨
▨

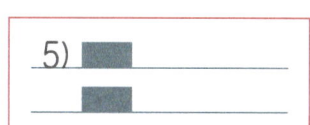

Nomen mit Artikel im Genitiv schreiben
Nomen mit Artikel im Genitiv, Dativ und Akkusativ schreiben
Sätze mit Nomen in den vier Fällen schreiben

KV 36
Fö 41 / Fo 19
HR

24   AH S. 18 - 19   S3   **27**

Die verschiedenen Zeitformen unterscheiden

Wieso verändert sich in den Sätzen die Verbform?

Und heute spielen sie im Halbfinale! Sie kommen wunderbar ins Spiel …

Gestern spielten sie um den Einzug ins Halbfinale. Sie kamen motiviert …

Wir werden morgen im Finale spielen. Wir werden über die rechte Seite kommen und …

 **1** Sprich mit einem Partnerkind.
Beantwortet Flex' Frage.

Wenn etwas **früher passierte** und du **darüber schreibst**,
verwendest du die Verben im **Präteritum**: ich spielte, sie kamen.

Wenn etwas **heute passiert**, verwendest du die Verben im **Präsens**:
ich spiele, sie kommen.

Wenn etwas **in der Zukunft passieren wird**, verwendest du die Verben im **Futur**:
ich werde spielen, sie werden kommen.
Das Futur bildest du mit einer Personalform von **werden**
und einem **Verb in der Grundform**.

---

2 Setze die Verben in die Sätze ein. Schreibe ins Heft.

spielen	Wir ▆ in der nächsten Woche
spielten	um den Pokal ▆.
werden / spielen	Vor einem Jahr ▆ wir noch sehr schlecht.
	Jetzt gleich ▆ wir gegen eine starke Mannschaft.

3 An welchen Wörtern oder Wortgruppen in Aufgabe 2 erkennst du noch, ob etwas früher passierte, jetzt passiert oder morgen passieren wird?
Kreise im Heft ein.

28

Die Zeitformen *Präsens* und *Präteritum* wiederholen
Die Zeitform *Futur* kennenlernen
Zeitangaben als Signalwörter für Zeitformen erkennen ▶ HR

Wir **haben** gestern echt gut **gespielt**!

Wir **sind** auch richtig motiviert aus der Kabine **gekommen**.

Die beiden sprechen anders über das gestrige Spiel, als es in der Zeitung auf Seite 28 steht.

 **4** Sprich mit einem Partnerkind. Was meint Flora?

Wenn etwas **früher passierte** und du **darüber sprichst**, verwendest du die Verben im **Perfekt**: ich habe gespielt, sie sind gekommen. Du bildest es mit einer Personalform von *haben* oder *sein* und einem anderen Verb, meistens mit dem Wortbaustein **ge-**.

Viele Verben sind regelmäßig: **ge**spielt, **ge**malt, …
Einige Verben sind unregelmäßig: **ge**schlafen, **ge**kommen, …
Bei einigen unregelmäßigen Verben verändert sich der Wortstamm: **ge**sungen, …

---

5 Schreibe den Text ins Heft.
Markiere dann die Verben im Perfekt.

> 5) Wir **sind** zum ersten Mal bei einem Halbfinale **gewesen**.

> Wir sind zum ersten Mal bei einem Halbfinale gewesen. Zum Stadion sind wir mit dem Fanbus gefahren. Alle haben Schals oder Trikots getragen. Wir haben uns total auf das Spiel gefreut. Im Stadion haben wir unsere Mannschaft lautstark angefeuert.

6 Setze die Verben im Perfekt in die Sätze ein. Schreibe ins Heft.

| essen | laufen | ~~bilden~~ | ~~schreiben~~ |

> 6) Gerade habe ich …

Gerade ▓ ich mein Pausenbrot ▓.

Vorhin ▓ ich eine Geschichte ▓.

Eben ▓ wir einen Stuhlkreis ▓.

In der Pause ▓ wir um die Wette ▓.

Die Zeitform *Perfekt* kennenlernen
Verben im Perfekt identifizieren
Verben im Perfekt in Sätze einsetzen

KV 38, 40
Fö 39/Fo 20
▶ HR

26, 43   **29**

Verben im Perfekt bilden

1 Schreibe die Verben im Perfekt passend zu den Pronomen ins Heft.

haben + suchen	sein + fahren

> Das Perfekt hat meistens den Wortbaustein **ge-**.

1) haben + suchen	sein + fahren
ich <mark>habe ge</mark>sucht	ich <mark>bin ge</mark>fahren
du hast ▬	du bist ▬
er ▬ ▬	er ▬ ▬
wir ▬ ▬	wir ▬ ▬
ihr ▬ ▬	ihr ▬ ▬
sie ▬ ▬	sie ▬ ▬

2 Markiere in Aufgabe 1 die Formen von **haben** oder **sein** und den Wortbaustein **ge-**.

> Das Perfekt von Verben der Bewegung wird häufig mit **sein** gebildet: ich **bin** gesprungen.

3 Schreibe die Verben im Perfekt passend zu den Pronomen ins Heft.
Denke an **haben** oder **sein** und an den Wortbaustein **ge-**.

malen – ich	hüpfen – ich
flüstern – wir	wandern – wir
sehen – du	klettern – du
lesen – er	rennen – er
schreiben – ihr	springen – ihr

> 3) malen – ich habe gemalt
> ▬

4 Setze die Verben im Perfekt in die Sätze ein.
Schreibe ins Heft.

> 4) Wir haben im ...
> ▬

~~pflanzen~~	Wir ▬ im Garten einen Baum ▬.
~~graben~~	Papa ▬ ein großes Loch ▬.
~~holen~~	Mama ▬ einen Eimer Wasser ▬.
~~kommen~~	Dann ▬ Oma in den Garten ▬.
~~stolpern~~	Leider ▬ sie über den Eimer ▬.
fließen	Das Wasser ▬ direkt ins Loch ▬.

geflossen

Zu Pronomen Verben im Perfekt bilden
Hilfsverb und Wortbaustein *ge-* im Perfekt markieren
Verben im Perfekt in Sätze einsetzen

KV 38

5 Lies den Text. Sage einem Partnerkind die Verben im Perfekt.

Gestern haben meine Schwester und ich das Kinderzimmer aufgeräumt.

Meine Schwester hat die Bauklötze eingepackt.

Nach dem Abendessen haben wir unsere Lieblingsserie angeschaut.

Danach bin ich ganz schnell eingeschlafen.

6 Setze die Verben im Perfekt in die Sätze ein.
Schreibe ins Heft.
Markiere den Wortbaustein **ge-**.

6) Ich habe meinen Saft ausgetrunken.

| austrinken | aufräumen | |
| abwarten | abfallen | einladen |

Ich ▨ meinen Saft ▨.

Wir ▨ das Zimmer ▨.

Die Blätter ▨ vom Baum ▨.

Oma ▨ die Ankunft des Zuges ▨.

Lia ▨ ihre Freunde ▨.

Manchmal steht
der Wortbaustein **ge-**
im Perfekt
in der Mitte des Verbs:
ich habe aus**ge**trunken,
du hast auf**ge**gessen, ...

7 Lies den Text.

Mit unserer Lehrerin besuchen wir einen Bauernhof. Dort sehen wir
viele Tiere. Auf der Weide fressen Kühe Gras und Klee. Ziegen klettern
in ihrem Gehege Baumstämme hoch. Laut schnattern die Gänse
in ihrem Gatter und suchen nach Futter. Im Hof picken die Hühner
Körner. Sie gackern dabei aufgeregt. Der Hofhund liegt ruhig
vor seiner Hütte, doch bei jedem ungewohnten Geräusch spitzt er
die Ohren. Eine Katze sieht einen Vogel und jagt ihm nach.
Aber sie läuft zu langsam und fängt ihn nicht.

8 Schreibe den Text im Perfekt
ins Heft.

8) Mit unserer Lehrerin haben
wir ...

9 Manche Verben werden im Perfekt ohne den
Wortbaustein **ge-** gebildet: ich habe befohlen, es ist zerlaufen, er hat versucht, ...
Finde weitere Verben und schreibe sie ins Heft.

Verben im Perfekt mit eingeschobenem Wortbaustein ge- erkennen
Perfekt von Verben mit Wortbausteinen am Anfang bilden   Fö 40/Fo 21
Einen Text aus dem Präsens ins Perfekt setzen

27   31

Verben im Futur bilden und einsetzen

1 Schreibe die Verben im Futur passend zu den Pronomen ins Heft.

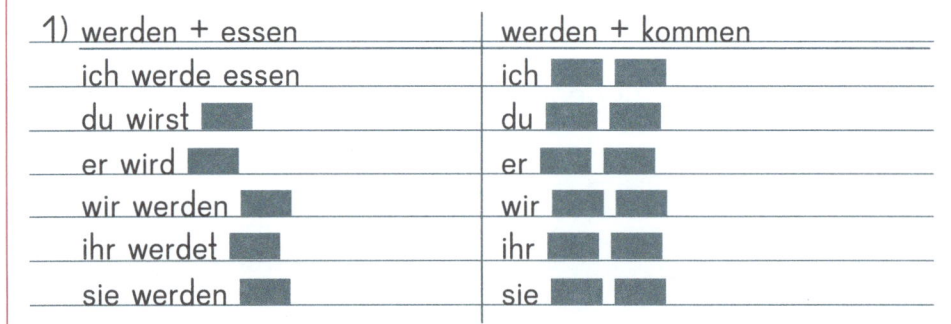

werden + essen	werden + kommen

Futur ist Zukunft: Es **wird** noch **passieren**.

1) werden + essen	werden + kommen
ich werde essen	ich ▬ ▬
du wirst ▬	du ▬ ▬
er wird ▬	er ▬ ▬
wir werden ▬	wir ▬ ▬
ihr werdet ▬	ihr ▬ ▬
sie werden ▬	sie ▬ ▬

2 Setze die Verben im Futur ein. Schreibe ins Heft.

2) Ich ... ▬

anrufen 1

verabreden 2

gehen 3

beobachten 4

spielen 5

1 Ich *werde* ▬ dich nächste Woche ▬.

2 Wir *werden* ▬ uns dann in den Ferien ▬.

3 Meine Mutter *wird* ▬ mit uns in den Zoo ▬.

4 Dort *werden* ▬ wir die kleinen Bären ▬.

5 Sie *werden* ▬ bestimmt miteinander ▬.

3 Lies den Text.

Am Samstag *werde* bleibe ich bei Oma. Ich *werde* mache dann keine Hausaufgaben. Ich *werde* übe auch nicht für die Schule. Oma *wird* fährt mit mir in die Stadt. Wir *werden* gehen ins Museum.

Oft sprechen oder schreiben wir im Präsens und meinen die Zukunft.

4 Schreibe den Text von Aufgabe 3 im Futur ins Heft.

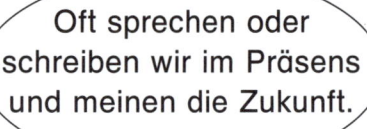

4) Am Samstag werde ich ... ▬

Zu Pronomen Verben im Futur bilden
Verben im Futur in Sätze einsetzen
Einen Text aus dem Präsens ins Futur umformen und aufschreiben

KV 39
Fö 41

Perfekt und Präteritum unterscheiden

1 Lies die Texte im Perfekt und im Präteritum.

Vor zwei Monaten **habe** ich eine neue Brille **bekommen**. Ich **bin** mit Papa zum Optiker **gefahren**. Dort **habe** ich viele Brillen **probiert**. Eine blaue Brille **hat** mir sehr gut **gefallen**. Der Optiker **hat** mir ein Brillenetui dazu **geschenkt**.

Vor zwei Monaten **bekam** ich eine neue Brille. Ich **fuhr** mit Papa zum Optiker. Dort **probierte** ich viele Brillen. Eine blaue Brille **gefiel** mir sehr gut. Der Optiker **schenkte** mir ein Brillenetui dazu.

2 Sprich mit einem Partnerkind über die Texte in Aufgabe 1. Welcher Text könnte gesprochen sein und welcher Text könnte geschrieben sein? Begründet.

3 Schreibe den Text ins Heft. Markiere die Verben im Perfekt.

3) Im Traum **habe** ich ein wildes Tier **gesehen**.

Im Traum habe ich ein wildes Tier gesehen. Ich habe nur ganz still gestanden. Das gruselige Tier ist immer näher gekommen. Dann ist es plötzlich in die Luft gesprungen.

4 Schreibe den Text von Aufgabe 3 im Präteritum ins Heft. Markiere die Verben.

4) Im Traum **sah** ...

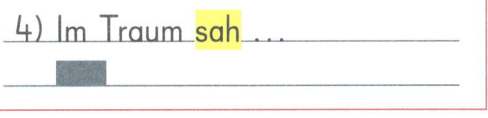

5 Schreibe den Text im Präteritum ins Heft. Markiere die Personalformen von **haben** und **sein**.

5) Hallo Oma! Ich **war** ...

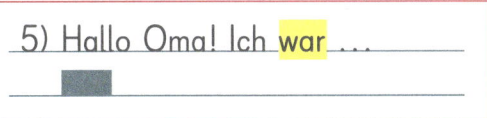

Hallo Oma! Ich **bin** mit Henry im neuen Spaßbad **gewesen**. Dort **ist** es ganz toll **gewesen**. Henry **hat** zuerst vor der Riesenrutsche Angst **gehabt**. Zum Glück **ist** er dann doch mutig **gewesen**. Am Ende **hat** auch er auf der Rutsche Spaß **gehabt**. Wir **sind** gern im Spaßbad **gewesen**.

Perfekt in gesprochener und Präteritum in geschriebener Sprache verwenden
Einen Text aus dem Perfekt ins Präteritum umformen   Fo 21
Perfekt und Präteritum der Verben *sein* und *haben* üben

29   AH S. 20-21   S4   33

Die Großschreibung von Verben erkennen

Wann schreibe ich Klettern, wann klettern?

Mit der Nomenprobe mit Adjektiv kannst du es herausfinden.

Wir **k**lettern gern an der Kletterwand.

Zum **K**lettern brauche ich Turnschuhe.

Das **K**lettern ist anstrengend.

Regelmäßiges **K**lettern macht fit.

Wir **k**lettern jedes Wochenende.

1 Was meint Flora? Sprich mit einem Partnerkind.

a) Macht zu den Sätzen im Bild die Nomenprobe mit Adjektiv.

b) Warum wird in den Sätzen **klettern** manchmal kleingeschrieben und manchmal großgeschrieben? Erklärt es euch gegenseitig.

2 Mache die Nomenprobe mit Adjektiv: Das coole Schaukeln ... Setze dann den kleinen oder den großen Anfangsbuchstaben ein. Schreibe die Sätze ins Heft.

2) Das Schaukeln
▬▬▬▬▬▬▬▬

a) Das [s/S] chaukeln auf dem Spielplatz mag Alex gar nicht.

Aber zu Hause [s/S] chaukelt er gern im Schaukelstuhl.

b) Nena und Jannik [l/L] esen gern spannende Bücher.

Besonders im Bett macht das [l/L] esen Spaß.

Verben schreibst du groß, wenn ein Artikel davor steht.

c) Das [k/K] ochen hat Ben von seiner Oma gelernt.

Am Wochenende [k/K] ocht er oft zusammen mit seinem Vater.

d) Lukas und Ida [s/S] chreiben am liebsten Geschichten mit Tieren.

Sie haben mit dem [s/S] chreiben schon in Klasse 1 angefangen.

Manchmal werden auch **Verben wie Nomen** verwendet. Du kannst die **Großschreibung von Verben** mit der Nomenprobe mit Adjektiv erkennen oder, wenn ein Artikel vor dem Verb steht: das (coole) Klettern.

Die Nominalisierung von Verben kennenlernen
Strategien kennenlernen, um die Großschreibung von Verben
zu überprüfen

3 Wozu braucht man diese Dinge?
Schreibe ins Heft.

a)

d)

b)

e)

c)

f)

| 3a) | zum Schneiden |
| b) | �ં |

Hier sind Artikel versteckt:
beim = bei + dem,
vom = von + dem,
zum = zu + dem.

Vor Verben, die großgeschrieben werden, kann ein Artikel stehen:
das Wandern, das Waschen.
Der Artikel kann auch in Wörtern wie **zum**, **beim** und **vom** versteckt sein:
zum Schlafen, beim Laufen, vom Lachen.

4 Zeige einem Parterkind die Wörter mit dem versteckten Artikel.
Ergänze dann das passende Verb.
Sage, ob das Wort groß- oder kleingeschrieben wird.

wandern angeln backen lesen schwimmen nuckeln lachen suchen

Marc braucht beim ▮ eine Schwimmbrille.

Vom ▮ hat Leo Blasen an den Füßen.

Eric hilft Lara beim ▮ des Schlüssels.

Zum ▮ nimmt Bea einen Köder.

Liu hat beim ▮ gut betont.

Mehdi tut der Bauch vom ▮ weh.

Konrad bindet sich zum ▮ eine Schürze um.

Vom ▮ ist Sinas Daumen ganz rot.

5 Schreibe mit den Verben **bauen** und **stehen**
jeweils zwei Sätze ins Heft.
Das Verb soll einmal kleingeschrieben
und einmal großgeschrieben werden.

| 5) | ▮ |
| | ▮ |

Signalwörter für die Großschreibung von Verben kennenlernen
Nominalisierte und nicht nominalisierte Verben in Sätze einsetzen
Sätze mit nominalisierten und nicht nominalisierten Verben bilden

KV 42
Fö 43
HR

31 AH S. 22-23 **35**

Satzglieder erkennen und nutzen

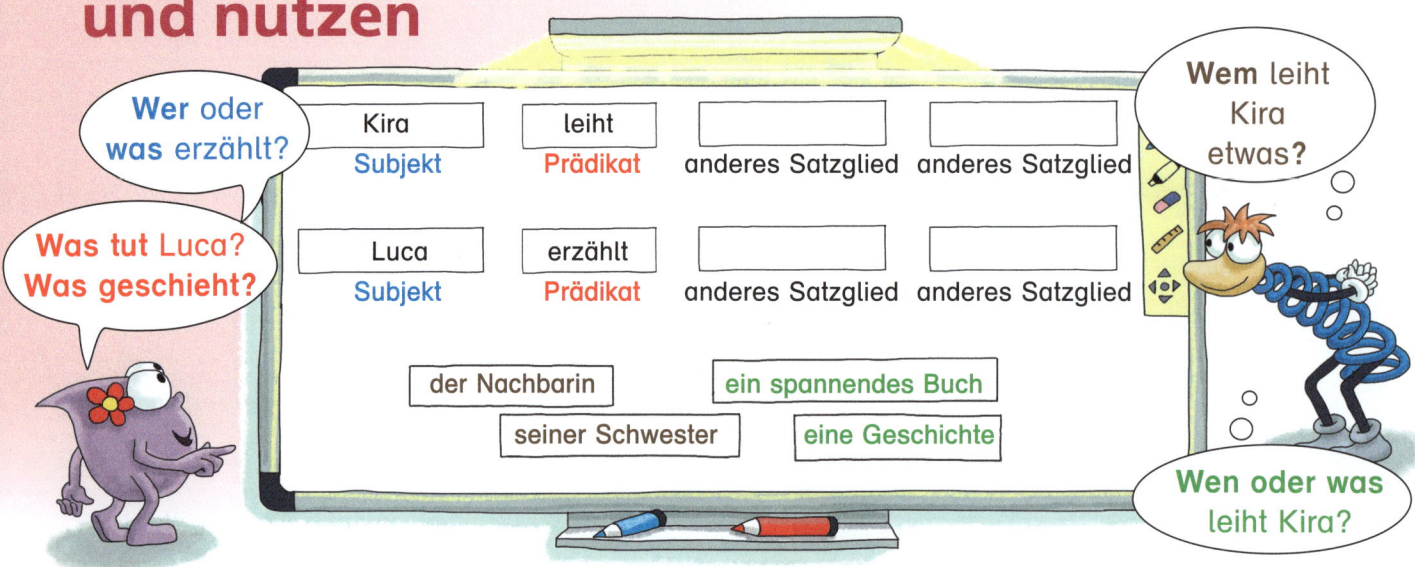

1 Sprich mit einem Partnerkind.
Was könnt ihr Flora antworten?
Welche Karten könnte Flex als Antwort nutzen?
Lest euch die Sätze mit allen Satzgliedern vor.

2 Setze das Satzglied in der passenden Form in die Sätze ein.
Lies die Sätze einem Partnerkind vor.

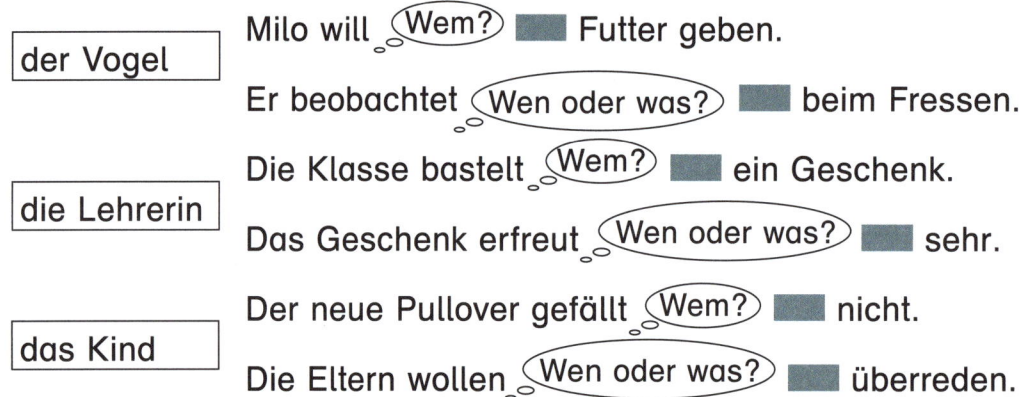

der Vogel	Milo will (Wem?) ▬ Futter geben.
	Er beobachtet (Wen oder was?) ▬ beim Fressen.
die Lehrerin	Die Klasse bastelt (Wem?) ▬ ein Geschenk.
	Das Geschenk erfreut (Wen oder was?) ▬ sehr.
das Kind	Der neue Pullover gefällt (Wem?) ▬ nicht.
	Die Eltern wollen (Wen oder was?) ▬ überreden.

Ein Satz besteht aus verschiedenen Teilen. Sie heißen **Satzglieder**.
Ein Satzglied kann ein einzelnes Wort oder eine Gruppe von Wörtern sein.
Mit der **Umstellprobe** kannst du die Satzglieder in einem Satz herausfinden.
Ein Satz hat mindestens zwei Satzglieder: Subjekt und Prädikat.
Luca erzählt seiner Schwester eine Geschichte.

Objekte ergänzen den Satz und geben zusätzliche Informationen:
Das Dativobjekt gibt Antwort auf die Frage **Wem ...?**.
Wem erzählt Luca eine Geschichte?
Luca erzählt seiner Schwester eine Geschichte.
Das Akkusativobjekt gibt Antwort auf die Frage **Wen oder was ...?**.
Wen oder was erzählt Luca seiner Schwester?
Luca erzählt seiner Schwester eine Geschichte.

> Das Prädikat heißt auch Satzkern.

Satzglieder als Bausteine eines Satzes erkennen und unterscheiden
Subjekt, Prädikat, Dativ- und Akkusativobjekt als Satzglieder erkennen
Fragewörter für Satzglieder kennenlernen
▶ HR

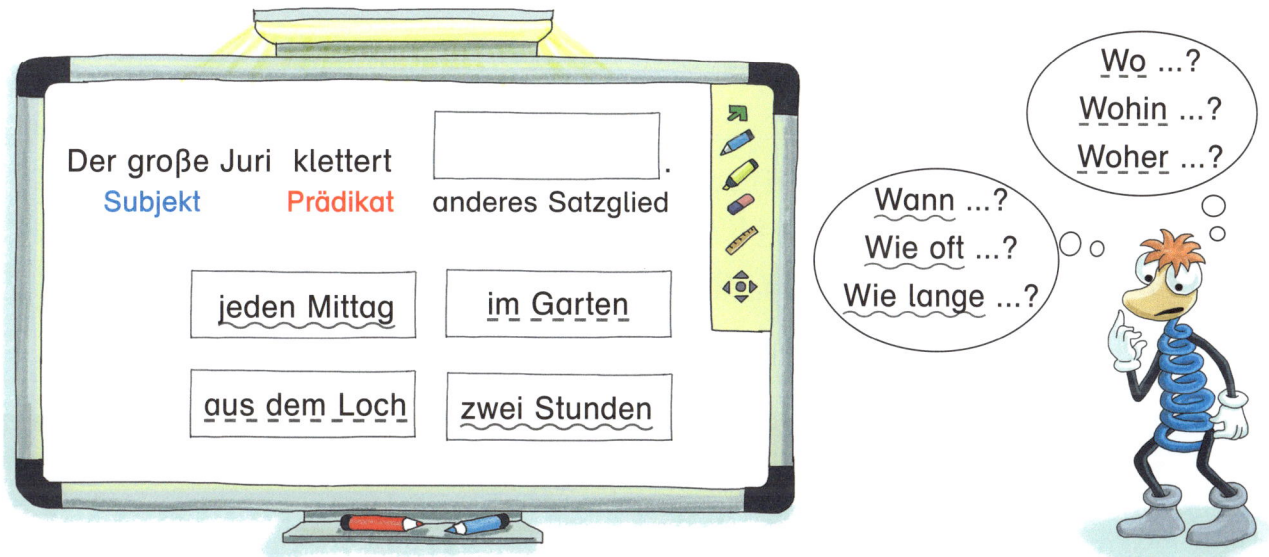

3 Schreibe die Sätze ins Heft. Unterstreiche in den Sätzen die Prädikate **rot** und die Subjekte **blau**. Nach welchem Satzglied fragst du mit **Wann ...?** **Wie oft ...? Wie lange ...?** Kennzeichne es mit Wellen.

Defne wird in den Sommerferien zu ihrer Tante fahren.

Das macht sie jedes Jahr.

Sie will für eine Woche bei ihrer Tante bleiben.

> 3) Defne wird in den Sommerferien zu ihrer Tante fahren.

Manchmal besteht das Prädikat aus zwei Wörtern.

4 Schreibe die Sätze ins Heft. Unterstreiche in den Sätzen die Prädikate **rot** und die Subjekte **blau**. Nach welchem Satzglied fragst du mit **Wo ...?** **Wohin ...? Woher ...?** Kennzeichne es gestrichelt.

Defnes Tante wohnt in Wuppertal.

Bei schönem Wetter gehen sie jeden Tag ins Freibad.

Nach einer Woche kommen Defnes Eltern aus Hamburg und holen sie ab.

> 4) Defnes Tante wohnt in Wuppertal.

Auch **Ergänzungen** der Zeit und des Ortes sind Satzglieder. Sie ergänzen den Satz und geben zusätzliche Informationen.

Ergänzungen der Zeit erkennst du, wenn du mit **Wann ...? Wie oft ...? Wie lange ...?** fragen kannst:
Wie oft macht sie das?   Das macht sie jedes Jahr.

Ergänzungen des Ortes erkennst du, wenn du mit **Wo ...? Wohin ...? Woher ...?** fragen kannst:
Wo wohnt Defnes Tante?   Defnes Tante wohnt in Wuppertal.

Adverbiale Ergänzungen der Zeit und des Ortes kennenlernen
Fragewörter für adverbiale Ergänzungen kennenlernen und anwenden   KV 44
▶ HR

33   **37**

Satzglieder erkennen und Sätze bilden

 **1** Suche dir ein Partnerkind
für die Aufgaben 2–9.

 **2** Schreibt den Satz ins Heft. Welche Wörter bleiben
beim Umstellen immer zusammen?

> 2) Bei ...

a) Nutzt die Umstellprobe. Kreist dan die Satzglieder ein.

b) Aus wie vielen Satzgliedern besteht der Satz?

> Bei schönem Wetter spielen Bo und Tim mit dem roten Ball auf der Wiese.

 **3** Stellt die Satzglieder von Aufgabe 2 so um, dass jedes Satzglied
einmal am Satzanfang steht. Jedes Kind sagt zwei Möglichkeiten.

 **4** Bildet aus den Satzgliedern Sätze. Sprecht sie euch
gegenseitig vor. Schreibt sie anschließend ins Heft.

> 4) Finn liest oft
> einen Comic.

Prädikat	Subjekt	Dativobjekt	Akkusativ-objekt	Ergänzung der Zeit
liest	Finn	–	einen Comic	oft
erklärt	Lotte	Merve	die Aufgabe	im Unterricht
kocht	Opa	–	eine Suppe	sonntags
gehorcht	Rex	dem Vater	–	nie
erlaubt	Mama	ihrer Tochter	fast alles	samstags
schickt	Oma	ihrem Enkel	Geschenke	zum Geburtstag
verspreche	ich	dir	alles	im Notfall

 **5** Welche Satzglieder in den Sätzen von Aufgabe 4
könnt ihr weglassen? Sprecht darüber.

 **6** Bildet einen Satz mit möglichst vielen Satzgliedern
und schreibt ihn ins Heft.
Kreist die einzelnen Satzglieder ein.

38

Satzglieder mit der Umstellprobe erkennen
Vom Verb ausgehend passende Satzglieder ergänzen
Vom Verb ausgehend Satzglieder weglassen

Schreibt die Sätze ins Heft. Unterstreicht in den Sätzen die <u>Prädikate</u> **rot** und die <u>Subjekte</u> **blau**.
Kreist dann die übrigen Satzglieder ein.

7) <u>An einem schönen Sommerabend</u> <u>lud</u> Familie Meier (ihre Freunde) <u>ein.</u>

An einem schönen Sommerabend lud Familie Meier ihre Freunde ein.

Sie veranstalteten ein Fest in ihrer Wohnung.

Sie verteilten schon eine Woche zuvor Einladungen an viele Freunde.

Die Meiers hatten viele Stunden alles auf dem Balkon vorbereitet.

Auf einmal verdunkelte sich der Himmel über dem Haus der Meiers.

Dicke Regentropfen fielen plötzlich aus den dunklen Wolken.

Alle brachten Essen und Getränke schnell vom Balkon in die Wohnung zurück.

Am Ende machten sie ein Picknick auf dem Boden im Wohnzimmer.

Alle Gäste gingen erst spät in der Nacht nach Hause.

8 Lest den veränderten Text von Aufgabe 7.

Familie Meier lud ein.

Sie veranstalteten.

Sie verteilten.

Die Meiers hatten vorbereitet.

Der Himmel verdunkelte sich.

Dicke Regentropfen fielen.

Alle brachten zurück.

Sie machten.

Alle Gäste gingen.

Manchmal reichen **Subjekt** und **Prädikat** nicht aus, um einen Satz zu verstehen. Manche Sätze brauchen mehr Satzglieder.

9 Welche Informationen aus dem Text von Aufgabe 7 müssen im Text von Aufgabe 8 ergänzt werden, damit man den Text versteht?
Sprecht darüber.
Schreibt den überarbeiteten Text ins Heft.

9) ▬▬▬▬▬
   ▬▬▬▬▬

Satzglieder als Bausteine eines Satzes erkennen
Am Beispiel von Minimalsätzen notwendige Satzglieder ergänzen
Über die Funktion von Satzergänzungen sprechen

KV 44
Fö 45/Fo 23
🔲 HR

 33

39

Das Akkusativobjekt erkennen

1 Schreibe den Text ins Heft und ergänze die **Akkusativobjekte**.

1) Meine Schwester ...

---

ihre Schildkröte   ein Gehege   Sina   Löwenzahn

Meine Schwester Sina füttert ▬ jeden Morgen.

Ihr Haustier frisst besonders gern ▬.

Im Sommer hat es ▬ im Garten.

Meine Schwester kümmert sich sehr gut um ihre Schildkröte.

Trotzdem hat das Tier ▬ schon einmal gebissen.

2 Ergänze mit einem Partnerkind passende Satzglieder.

Subjekt	Prädikat	Akkusativobjekt
Unsere Lehrerin	holt	▬
▬	vergisst	den Termin.
Der Gast	▬	▬
Unsere Klasse	mag	▬

3 Schreibe die Sätze ins Heft. Unterstreiche in den Sätzen die <u>Prädikate</u> **rot**, die <u>Subjekte</u> **blau** und die <u>Akkusativobjekte</u> **grün**.

3) Kadir isst einen saftigen Apfel.

Kadir isst einen saftigen Apfel.

Unsere Nachbarin sucht ihren Autoschlüssel.

Mein Onkel hört eine CD von Mozart.

Einen spannenden Kriminalroman liest mein Opa.

Meine kleine Schwester braucht neue Gummistiefel.

Der Mechaniker repariert unser Auto.

Jeden Morgen nimmt Oma ihre Tablette.

Schon wieder sucht Papa seine Lesebrille.

Prädikat:
Das Prädikat im Satz ist immer ein Verb.
Subjekt:
Wer oder was ...?
Akkusativobjekt:
Wen oder was ...?

4 Bilde Sätze mit Prädikat, Subjekt und Akkusativobjekt. Benutze die Verben **lesen**, **bekommen**, **bestellen** und **nehmen**. Schreibe ins Heft.

Satzergänzungen im Akkusativ einsetzen
Sätze mit drei Satzgliedern vervollständigen
Satzglieder als Bausteine eines Satzes erkennen und bestimmen

KV 45
Fö 46/Fo 23
HR

Das Dativobjekt erkennen

1 Schreibe den Text ins Heft und ergänze die **Dativobjekte**.

> allen Geburtstagskindern   ihrer Nichte
> dem Zauberer   ihrer Lieblingstante

1) Tante Sofie schenkt
ihrer Nichte ...

Tante Sofie schenkt ▆ eine Zirkuskarte zum Geburtstag.

Zum Dank gibt Anna ▆ einen Kuss.

Besonders ▆ schaut Anna gern zu.

Am Ende überreicht der Künstler ▆

einen Plüschhasen.

> Dativobjekt: Wem ...?
> Das Dativobjekt bezeichnet oft
> Menschen oder Tiere.

2 Ergänze mit einem Partnerkind passende Satzglieder.

Subjekt	Prädikat	Dativobjekt
Dieses neue Fahrrad	gehört	▆
▆	gratuliert	dem Sieger.
Der freundliche Junge	▆	der alten Frau.
Der Schokoladenkuchen	schmeckt	▆

3 Schreibe die Sätze ins Heft. Unterstreiche in den Sätzen die <u>Prädikate</u> **rot**, die <u>Subjekte</u> **blau** und die <u>Dativobjekte</u> **braun**.

3) <u>Mama</u> <u>vertraut</u> <u>mir</u>
<u>und meinem Bruder</u>.

Mama vertraut mir und meinem Bruder.

Der kleine Dackel folgt seinem Herrchen.

Meinem Onkel passt die karierte Hose.

Der Polizist glaubt dem Fußgänger.

Diese Mütze gehört dem Mädchen aus der 4b.

Bananen schmecken Loui besonders gut.

Ihr fehlt schon wieder der Klebestift.

> Mit der Umstellprobe
> kannst du die Satzglieder
> erkennen.

4 Bilde Sätze mit den Verben **vortragen**, **hinstellen**, **geben** und **schenken**.
Jeder Satz soll Prädikat, Subjekt, Akkusativobjekt und Dativobjekt enthalten. Schreibe ins Heft.

4) Frau Schmitz trägt ...
vor.

Satzergänzungen im Dativ einsetzen
Sätze mit drei Satzgliedern vervollständigen
Satzglieder als Bausteine eines Satzes erkennen und bestimmen

KV 46
Fö 47/Fo 23
🖥 HR

35

 AH S. 24-25

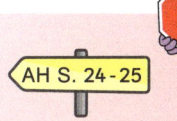

41

S5

Sprache erforschen

1 Sprich mit einem Partnerkind.
Was kommt euch bekannt vor?
Was ist euch fremd?

2 Gegen welche Wörter kannst du die Wörter
in den Sprechblasen austauschen?
Schreibe sie passend dazu ins Heft.

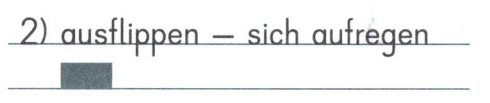

2) ausflippen — sich aufregen

| reden | verstehen | entspannen | besonders | spielen | sich aufregen |

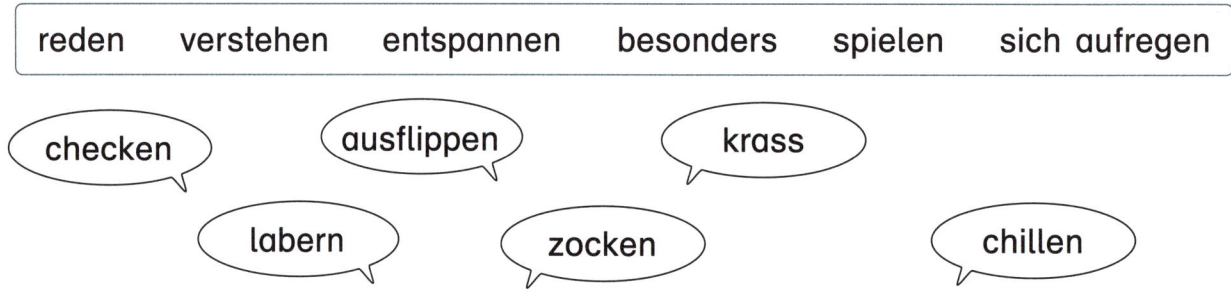

checken   ausflippen   krass

labern   zocken   chillen

3 Lies den englischen Zungenbrecher halblaut.
Versuche, ihn auch schnell zu sprechen.
Übersetze ihn ins Deutsche.
Schreibe ins Heft.

3)

Fred fed Ted bread,

and Ted fed Fred bread.

Unterschiedliche Regionalsprachen kennenlernen   KV 48
Gesprochene Sprache geschriebener Sprache zuordnen   Fö 49
Einen englischen Zungenbrecher lesen und übersetzen   HR

Dialekte, Regionalsprachen, Sprachen und Schriften vergleichen

1 Suche dir ein Partnerkind für die Aufgaben 2–6.

2 Versucht, die Zahlen in den anderen Sprachen halblaut zu lesen.

	Schwäbisch	Plattdeutsch	Italienisch	Französisch	Türkisch	Russisch
0	null	null	zero	zéro	sıfır	ноль
1	oes	een	uno	un	bir	один
2	zwoe	twee	due	deux	iki	два
3	drai	dree	tre	trois	üç	три
4	vier	veer	quattro	quatre	dört	четыре
5	faef	fief	cinque	cinq	beş	пять
6	segs	söss	sei	six	altı	шесть
7	siba	söven	sette	sept	yedi	семь
8	acht	acht	otto	huit	sekiz	восемь
9	nae	negen	nove	neuf	dokuz	девять
10	zäa	teihn	dieci	dix	on	десять

3 Schaut euch die Wörter für die Zahlen in Aufgabe 2 genau an.
Sprecht über Ähnlichkeiten und Unterschiede.

4 Informiert euch im Internet, wie die Zahlen
in der deutschen Gebärdensprache dargestellt werden.
Gebärdet und lest die Zahlen abwechselnd in Gebärdensprache.

5 Schaut euch das Wort **Geburtstag** in den verschiedenen Schriften an.
Sprecht über Ähnlichkeiten und Unterschiede.
Welcher Buchstabe ist in allen Schriften gleich?

Geburtstag   Geburtstag
Geburtstag   Geburtstag

> Diese Schrift heißt Sütterlin.

6 Schreibt eure Namen in Sütterlin ins Heft.
Das Sütterlin-Alphabet findet ihr im Internet.

Zahlen in Regionalsprachen und anderen Sprachen vergleichen
Ähnlichkeiten und Unterschiede in Wörtern verschiedener Sprachen erkennen
Ähnlichkeiten und Unterschiede bei verschiedenen Schriften erkennen

KV 48, 49
Fö 49/Fo 25, 26

43

Fachbegriffe für digitale Medien nutzen

1 Ordne die Fachwörter den Erklärungen zu.
Schreibe ins Heft.

QUELLE   HOMEPAGE   APP   SUCHMASCHINE   LINK
VIDEO   DATEI   HYPERTEXT   DATENSCHUTZ   WERBUNG

a) Ein Sammelbegriff für einen Text, ein Bild,
Musik, die unter einem Namen gespeichert
werden

1

b) Name der Startseite, nachdem man
eine Internetadresse eingegeben hat
2

c) Damit werden viele Internetseiten finanziert.
3

d) Damit wird im Internet eine Verbindung
zu einer anderen Internetseite hergestellt.
4

e) Angabe des Mediums (Buch, Internettext, …),
aus dem eine Information kommt
5

> Wer mit digitalen Medien arbeitet, muss viele Fachwörter kennen.

f) Ein anderes Wort für Film
6

g) Kleines Programm auf einem Tablet,
Abkürzung des englischen Wortes
„application"
7

h) Das Recht, dass Daten einer Person
nur mit deren Erlaubnis genutzt werden dürfen
8

i) Ein Text im Internet, der mit anderen Texten,
Bildern, Höraufnahmen, … verbunden ist
9

j) Ein Computerprogramm, mit dem man
im Internet Informationen zu einem bestimmten
Thema suchen kann
10

2 Bilde mithilfe der Zahlen
das Lösungswort.
Schreibe ins Heft.

1 2 3 4 5 6 7 8 9 10

2)

3 Suche im Internet nach einer Erklärung
für das Lösungswort. Schreibe eine Erklärung ins Heft.

3)